Mama, schimpft nicht!

Wie Du dein Kind liebevoll begleitest und trotzdem konsequent bleibst.
Das Überlebenshandbuch für einen entspannten Alltag
auch in Trotzphasen.

Jennifer Maur

Druck: Amazon Deutschland oder Partner

Der Druck erfolgt in chlorfreier Tinte und das säurefreie Papier für den Innenteil des Buches wird von einem Anbieter mit Forest Stewardship Council-Zertifizierung bezogen. Alle Abfälle, die beim Drucken entstehen und sich im Büroalltag anfallen, werden ordentlich recycelt und verwertet. Zudem werden in der Zukunft weiterhin Prozesse stattfinden, um die Umweltfreundlichkeit zu versichern. Damit verpflichtet sich der Druckpartner Amazon und seine Partner dazu, seinen Teil zum Umweltschutz beizutragen.

Unser Verlag verzichtet zudem auf überflüssigen Schriftverkehr und wickelt alle Prozesse digital ab. Dies spart Ressourcen und schont die Umwelt!

ISBN: 978-3-949675-23-2

MAMA, SCHIMPF NICHT!

WIE DU DEIN KIND LIEBEVOLL BEGLEITEST UND TROTZDEM KONSEQUENT BLEIBST.
DAS ÜBERLEBENSHANDBUCH FÜR EINEN ENTSPANNTEN ALLTAG AUCH IN TROTZPHASEN.

JENNIFER MAUR

VORWORT

Hallo, ich freue mich riesig, dass du diese Zeilen liest. Denn das heißt auch: Du hast es geschafft, deine Kinder anderweitig zu versorgen. Schlafen sie schon oder hast du sie auf den Balkon gestellt? Spaß beiseite. Aber ich glaube, wir haben alle schon einmal daran gedacht, unsere Kleinen auf den Mond zu schicken. Das kommt selten vor, aber manchmal brennt die Zündschnur extrem heiß. Ob und wie oft solche Momente bei dir vorkommen, kannst nur du wissen. Dass du diese Situationen aber so nicht akzeptieren möchtest und nach Lösungen suchst, finde ich wunderbar.

Dabei sind weder ausschließlich die Kids noch wir Eltern für schwierige Momente verantwortlich. Es sind ganz verschiedene Aspekte, die das Zusammenleben kompliziert erscheinen lassen. Und genau diesen möchte ich – ausgehend von meinen Erfahrungen als vierfache Mama – in diesem Buch auf den Grund gehen: Warum können kleine Kinder so störrisch wie ein Esel sein? Warum möchten sie ihre Schnürsenkel selbst binden, obwohl sie gerade Klettverschlussschuhe anziehen sollen, und wieso passt nur das Lieblingskleid mit den Spaghettiträgern unter den Schneeanzug? Warum sitzt die kleine Monsterbande nachts ausgerechnet im Bett deines Lieblings, weshalb kann der Ikea-Parkplatz logischerweise nur in deiner Küche sein und wieso muss das Kind aufgrund einer wichtigen Beschäftigung im »Homeoffice« bleiben anstatt in die Kita zu gehen?

Eltern zu werden, ist nach wie vor das größte Abenteuer der Menschen. Doch in Momenten wie diesen möchtest du vielleicht lieber auf der anderen, der sicheren Seite des Abenteuers sitzen und die Geschichte dort weiterverfolgen. Als Eltern kann man sich aus jenen Situationen, die einen auf die Palme bringen, leider nicht komplett herausschleichen – ein kleines bisschen allerdings schon. Diesen Lösungsansatz und weitere Ideen beschreibe ich dir in den nächsten Kapiteln und werde sie mit typischen Beispielen belegen, damit du den Alltag mit deinen Kindern so gestalten kannst, dass sie sich gern an ihre Kindheit zurück erinnern werden.

Dabei definieren wir gemeinsam den Begriff der Erziehung um. Findest du nicht auch, dass er negativ belastet ist? Es drückt sich in dem Wort bereits Gehorsam, Bestrafung und ein gewisses Machtverhältnis aus. Kinder dagegen wollen sich ausprobieren, nachahmen und lernen, was mit der traditionellen Erziehung nicht so recht vereinbar ist. Deshalb setzen viele Kinderpsychologen, Eltern und Erzieher seit Jahren auf Beziehung statt Erziehung. Und wenn du kurz vor dem nächsten Termin deine Waschmaschine öffnest, in der lauter Papiertaschentücherfusseln an den Jeanshosen hängen, deine Tochter heulend mit Lockenwicklern im Haar vor dir steht, die sie nicht mehr rauskriegt und vor der Haustür dein Mann schon zum dritten Mal die Autohupe betätigt, dann ... Ja, was dann? Eigentlich würdest du explodieren. Oder du gehst neue Wege und versuchst, dich zunächst zu beruhigen, deine Tochter gleich mit. Ich habe mal gehört, dass sieben Sekunden innige Umarmung reichen, um sich zu entspannen. Jetzt noch ein: »Schau mal, Lisa, meine Wäsche hat auch so was wie Lockenwickler am Stoff.« Spätestens dann hat sich die explosive Luft friedlich aufgelöst. Erziehung in Form von Vorhaltungen ist hier einem Miteinbeziehen des Kindes in das gemeinsame Chaos gewichen. Und so sollte das Familienleben funktionieren, durch Einbeziehen, an einem Strang Ziehen, Gründe Nachvollziehen, eigene Muster einer Prüfung Unterziehen, in Pausen Zurückziehen, den Partner Hinzuziehen, sich gegenseitig Hochziehen und immer wieder den Hut voreinander Ziehen.

Im Familienalltag werden unweigerlich Konflikte und kleine Krisen auftauchen. Es liegt nur an dir, welchen Stellenwert sie bekommen, ob du dich in stressigen Situationen zu leicht von alten Verhaltensmustern leiten lässt oder bereits gelernt hast, mit deinen Kindern im Dialog zu kommunizieren. Mit diesem Ratgeber möchte ich dich in schwierigen Alltagssituationen begleiten und direkte Lösungsansätze aufzeigen. Und keine Sorge: Du musst nicht sofort das ganze Buch lesen, um den richtigen Weg zu finden. Sieh das Buch als deinen Begleiter über einen längeren Zeitraum. Immer, wenn du ein Stückchen weiterliest, erhältst du die Möglichkeit, dich selbst zu reflektieren, um bisher stressige Situationen gelassener meistern zu können. Auch ich habe dies als Mutter nicht von heute auf morgen gelernt und bin noch immer nicht fehlerfrei. Doch Ausdauer, Geduld und eine Kommunikation auf Augenhöhe haben meinen Kindern geholfen, sich entsprechend ihrer Anlagen und Begabungen gesund entwickeln zu können.

Bevor du dich in die folgenden Kapitel stürzt, möchte ich dich noch eines wissen lassen. Es gab noch keine Mama und keinen Papa, die perfekt waren, und so soll es auch gar nicht sein! Verzeih dir, wenn du die Nerven verloren hast und vielleicht lauter geworden bist als beabsichtigt. Wenn du etwas zu deinem Kind gesagt hast, das so nicht in Ordnung war. Wenn du nicht bedürfnisorientiert warst, weil sich in der Küche das dreckige Geschirr stapelt, während die Katze gerade den gewürfelten Speck von der Küchenarbeitsplatte klaut und deine Kinder zum gefühlt hundertsten Mal streiten. Warum verzeihen? Weil dir gerade alles zu viel wurde, weil du eben nicht nur Mama oder Papa bist, sondern vor allem eines: Mensch. Verzeih dir und versuche, es beim nächsten Mal besser zu machen.

THEORIE DIESES BUCHES **Gar nicht grau**

Ein klein wenig muss ich dich noch vom Lesen des eigentlichen Ratgebers abhalten, damit ich dir erklären kann, welches Konzept dahintersteckt. Ich beschäftige mich vorrangig mit den zwei- bis sechsjährigen Kindern. Zunächst kannst du dich im Theorieteil mit ein paar Grundlagen beschäftigen und deine eigene Kindheit hinterfragen, um unbewussten Verhaltensmustern und Glaubenssätzen auf die Spur zu kommen. Natürlich kannst du diesen Teil auch gern überspringen und direkt in die Praxis gehen. Viele Konfliktthemen zwischen Eltern und Kindern sowie konkrete Fallbeispiele sollen dir dabei helfen, deine Kinder liebe- und verständnisvoll zu begleiten und zu stärken. Mitunter gibt es freie Zeilen, in denen du deine eigenen Gedanken aufschreiben kannst. Du findest im Praxisteil immer wieder Exkurse, die ein spezifisches Thema theoretisch untermauern sollen. Diese Exkurse können auch getrennt vom jeweiligen Unterpunkt gelesen werden, da sie auch darüber hinaus gültig sind.

Falls du lieber zuerst mit der Praxis beginnst, möchte ich dich dennoch motivieren, anschließend den theoretischen Teil zu lesen, da dadurch die Lösungsansätze besser verständlich werden und du dich als Elternteil selbst präziser hinterfragen kannst.

Wenn es im Ratgeber um Familien geht, dann schließt diese Bezeichnung selbstverständlich alle Konstellationen ein, die eine Familie haben kann. Die klassische Familie aus Mama, Papa und Kind/ern erhält dabei den gleichen Stellenwert wie eine Patchworkfamilie, Alleinerziehende/r mit Nachwuchs, Familien mit gleichgeschlechtlichen Partnern und alle anderen Varianten von Erwachsenen, die sich liebevoll um ihre Kleinen kümmern. Ich werde sehr oft die Bezeichnung Eltern benutzen, sodass sich jede/r Leser/in angesprochen fühlen kann.

INHALTSVERZEICHNIS

Theorieteil

Praxisteil

Aus Liebe zur Umwelt verzichten wir auf viele Fotos & Farbdruck.

THEORIETEIL

Etwas **bunte** Theorie zum Einstieg.

Mit praktischen Übungen und Platz für eigene Gedanken.

1. Entwicklungspsychologische Grundlagen

Zwei Töchter (3 & 4 Jahre) sitzen mit ihren Eltern beim Essen und fragen:

»Mama, was wünschst du dir zu Weihnachten?«

»Zwei brave Kinder.«

»Und wo sollen wir dann hin?«

An dieser Stelle möchte ich nur ganz kurz zusammenfassen, welche Entwicklungsstufen ein Kind durchläuft und welche Temperamente in deinem kleinen Liebling stecken können, damit die Themen des Ratgebers und vor allem die Fallbeispiele leichter nachvollzogen werden können. Du als Mama oder Papa kennst diese Informationen mit Sicherheit, sie sollen der Vollständigkeit halber jedoch nicht unter den Tisch fallen.

Das bin ich also 2 Jahre

Im ersten Lebensjahr hast du erfahren, wie dein Kind immer mehr Freiräume erobert hat. Es ist bereits sehr viel selbständiger geworden; es hat gelernt zu brabbeln, zu greifen, sich fortzubewegen. Gerade Letzteres ist ein immens wichtiger Schritt für dein Kind – es kann sich nun von Mama und Papa wegbewegen, auch in einen anderen Raum hinein. Gleichzeitig beginnt nun allerdings eine Phase, die von vielen Eltern als sehr anstrengend empfunden wird – die Wiederannäherungsphase.

Die meisten Kinder sind, nachdem sie doch so große Fortschritte in ihrer Selbständigkeit gemacht haben, plötzlich wieder ganz Baby. Sie möchten nahe bei Mama und Papa sein, der mütterliche oder väterliche Arm ist ihr Lieblingsort. Dieser scheinbare Rückschritt in ihrer Entwicklung lässt sich, wie eigentlich alle kindlichen Phasen, ganz einfach evolutionär erklären. Noch vor wenigen tausend Jahren bedeutete es für ein Kleinkind den sicheren Tod, sich zu weit von den Bezugspersonen zu entfernen. Zwar verfügen wir heute über stabile Wände, die Bären und Wölfe am Eindringen in unsere Häuser hindern. Unsere Kinder wissen davon allerdings nichts. So ist es nicht verwunderlich, dass sich ein Kind im Alter von etwa 18 bis 26 Monaten auf seinen kleinen Entdeckungstouren immer wieder rückversichern will: »Mama noch da?« Nimm diese Phase möglichst gelassen. Kein Kind wird verwöhnt, nur weil es viel getragen wird!

Nähert sich die Wiederannäherungsphase ihrem Ende, folgt gleich die nächste anstrengende Entwicklung, und zwar die Autonomiephase. Scheinbar wird während dieser Phase zunächst alles aus Prinzip abgelehnt. Aber warum ist das so? Dein Kind ist nun in einer Entwicklungssituation, in der es erlebt, dass der eigene Wille und der anderer Menschen nicht immer miteinander harmonieren. Mehr noch – selbst Gegenstände wollen nicht immer so, wie der kleine Mensch sich das vorstellt. Da baut man mühevoll einen gigantischen Turm aus Bauklötzen und dann fällt der einfach um! Man zieht ein bisschen zu fest an der Buchseite und schon reißt sie ein! Ein zu starker Druck auf den Bleistift und die Spitze bricht ab! Ärgerlich! Solche Dinge erzeugen Frust, mit dem dein Kind erst einmal umzugehen lernen muss. Keine leichte Sache. Gleichzeitig, und diese Entwicklung zieht sich bis zum vierten Lebensjahr hin, erlernt es das sogenannte Coping. Dieser Begriff bezeichnet die Fähigkeit zur Stressregulation. Mehr dazu folgt in Kapitel 2 des Praxiteils, im Abschnitt »Aggressionen« (Seite 146).

IT'S A MAGICAL WORLD 3 Jahre

In diesem Alter befinden sich Kinder mitten in der magischen Phase. Sehr kreative Menschen verlassen diese eigentlich nie ganz, viele nicht ganz so fantasievolle Erwachsene allerdings schon. Das ist eines der Dinge, die es uns manchmal schwer machen, Kinder zu verstehen. Wir sind einfach »aus dem Alter raus«. In dieser schönen, aber manchmal auch schwierigen Phase ist alles, was Kinder sehen, hören, riechen, kurzum mit ihren Sinnen wahrnehmen, mit Leben behaftet. Das Haus gegenüber hat mitnichten zwei Fenster und eine Tür, sondern ein Gesicht, das nachts ganz schön gruselig sein kann. Wenn ich meine Arme ausbreite, verwandeln sie sich in Flügel und ich kann fliegen! Und hat die Schnecke, die dort kriecht, nicht eben mit mir geredet?

Alles, was das Kind nicht begreift, versucht es zwar logisch zu erklären, doch ist es seine eigene kindliche Logik. Auch die Erklärung für die beobachteten Phänomene ist nicht rational, sondern magisch. Es schneit, weil Frau Holle die Betten aufschüttelt. Blumen beginnen zu blühen, weil kleine Feen durch den Garten fliegen und diese mit dem Zauberstab antippen. Gleichzeitig hält dennoch paradoxerweise eine gewisse Logik Einzug. Das Kind erkennt immer mehr Muster; es werden erste Zahlen oder Buchstaben erkannt. Puzzles werden nicht gelegt, sondern regelrecht verschlungen. Mama muss mindestens vierhundert Mal am Tag Memory spielen und Papa den Lieblings-Kindervers zum zweihundertsten Mal aufsagen. Kinder lieben Wiederholungen, Eltern oft nicht so sehr. Dafür werden diese mitunter mit Erstaunlichem belohnt, denn Kinder in diesem Alter haben ein unglaubliches Gedächtnis. So erzählen sie auf einmal beim Abendbrot ganz beiläufig, was Tante Hilde beim Kaffeetrinken für einen lustigen Hut aufhatte oder dass ein Mädchen auf dem Spielplatz vom Klettergerüst gefallen ist – Ereignisse, die zwei oder drei Monate in der Vergangenheit liegen.

WIESO, WESHALB, WARUM? 4 Jahre

Ab etwa vier Jahren verlässt dein Kind langsam – sehr langsam! – die magische Phase und beginnt, die Welt mehr und mehr rational zu betrachten. Natürlich gelingt dies noch nicht so gut wie bei einem Erwachsenen. Die lieben Kleinen machen jedoch erstaunliche Fortschritte. Oft können Eltern regelrecht beobachten, wie sich die Rädchen im Kopf ihres Kindes drehen. Die Kinder löchern ihre Bezugspersonen mit Fragen, alles muss kommentiert und mehrmals wiederholt werden. Viele Eltern kennen die Situation, wenn sie Fragen über Fragen beantworten und nach jeder einzelnen erneut ein gedankenvolles »Warum?« hören.

Ereignisse werden nun schon häufig in der richtigen Reihenfolge nacherzählt und sprachlich machen die Kinder einen gewaltigen Sprung. Morgens können sie sich zudem häufig an ihre Träume erinnern und erzählen diese den Bezugspersonen. Und diese Träume haben es oft in sich, denn Kinder verarbeiten ihre Erlebnisse, zum Leidwesen ihrer Eltern, nachts. Gleichzeitig wird der kleine Schatz immer selbständiger. Manche Kinder können bis zum vierten Lebensjahr nur mit Hilfe ihrer Eltern einschlafen, nur um an ihrem vierten Geburtstag zu verkünden: »Jetzt bin ich groß und will allein einschlafen!«

Andere wiederum brauchen noch lange Einschlafbegleitung, was genauso in Ordnung ist. Dafür machen sie in anderen Bereichen große Fortschritte.

BALD GEHT DIE SCHULE LOS! 6 Jahre

Dein Kind kommt nun in die Pubertät. »Wie bitte?«, wirst du dich fragen: »Doch nicht mit sechs Jahren!« Selbstverständlich handelt es sich dabei nicht um die echte Pubertät, die sowohl Eltern als auch Heranwachsende gelegentlich an den Rand eines Nervenzusammenbruchs treibt. Dennoch hat die sogenannte »Wackelzahnpubertät« ihren Namen nicht zu Unrecht. Du wirst Züge an deinem Kind kennenlernen, die du ihm nicht zugetraut hättest. Nicht umsonst wackeln während dieser Zeit nicht nur die ersten Zähne, sondern auch die Wände, von den Erschütterungen der zuknallenden Türen. Du wirst dich fühlen, als sei dein Kind in die Trotz- oder Autonomiephase zurückgekehrt.

Doch warum ist das so? Versetze dich in die Lage deines Kindes. Was geschieht gerade in seinem Leben?

- Der Schulanfang naht: Das ganze Leben deines Schatzes dreht sich gerade nur um seine Einschulung. Der Abschied von liebgewonnenen Kindergartenfreunden und das Kennenlernen neuer Freunde, die Aufregung, das Gefühl, einerseits schon groß zu sein, andererseits aber doch noch so klein, Verkehrserziehung, erste Besuche in der Schule sind nur einige Punkte, die damit zusammenhängen und für ein flaues Gefühl im Bäuchlein sorgen.

- Die Zähne wackeln: Der Mundraum ist mit unglaublich vielen Sensoren ausgestattet. Die Schleimhaut ist sehr gut durchblutet, auf der Zunge befindet sich eine gigantische Anzahl an Geschmacksknospen. Der ganze Mund ist ein einziges geballtes sensorisches Werkzeug – und der verändert sich plötzlich! Das ist nicht nur mit ganz neuen Sinneseindrücken gekoppelt, sondern auch mit Schmerzen, die mal mehr und mal weniger ausgeprägt sein können. Der Milchzahn wackelt, während der bleibende bereits von unten nachdrückt. Es kann sogar sein, dass dein Kind während des Zahnwechsels »ein schlechter Esser« wird. Und wird dir als Erwachsenem beim Gedanken, dass die eigenen Zähne zu wackeln beginnen, nicht auch ein wenig mulmig?

- Der Körper wächst: Hast du dich schon einmal gefragt, warum die meisten Grundschulkinder irgendwie schlaksig und unkoordiniert wirken? Kinder wachsen in Schüben. Ein fast bombastischer Schub findet zwischen dem sechsten und dem achten Lebensjahr statt. Das Kind schießt dabei regelrecht in die Höhe. Das fühlt sich merkwürdig an. Stell dir vor, innerhalb weniger Wochen um mehrere Zentimeter zu wachsen. Diese körperliche Höchstleistung muss zunächst austariert werden. Das Kind muss sich in dieser Zeit immer wieder neu ausbalancieren. Die Arme sind plötzlich so lang! Und die Beine erst! Damit kann ich auf einmal noch viel weiter springen, noch viel schneller rennen! Aber hoppla, der Boden ist jetzt auch irgendwie weiter weg ... Ein solch enormer Schub erfordert Energie, die an anderer Stelle dann manches Mal fehlt.

Dazu kommt, dass plötzlich viele Menschen erwarten, das Kind sei »ja schon groß« und müsse dies und jenes bereits können. Erwarte nicht zu viel – dein Kind ist nun zwar ein Schulkind, es ist aber vor allem noch eines: klein.

STURKOPF, WIRBELWIND, YOGI & PHILOSOPH

Ja, die lieben Kleinen sind manchmal nicht so umgänglich, wie wir Eltern uns das wünschen würden. Dass dies einerseits zu ihrer persönlichen Entwicklung gehört, wissen wir im Grunde, auch wenn es zugegebenermaßen nervt. Dass dies andererseits am Temperament des Kindes liegt, wie schwierige Situationen ausgetragen werden, ist auch klar. Mit den nächsten Zeilen möchte ich um Verständnis für die Kinder werben, denn sie können sich nur innerhalb ihrer Anlagen und ihres Temperaments bewegen. Ich möchte aber betonen, dass dies keine Stigmatisierung werden und nur dem Verständnis kindlicher Reaktionen dienen soll.

Zunächst stelle ich dir die vier Temperamente nach der Lehre von Hippokrates (um 460 v. Chr. bis um 370 v. Chr.) vor, die heute unter anderem in der Waldorfpädagogik und der Anthroposophie genutzt werden:

- Im **cholerischen** Kind steckt sehr viel Energie, die es einerseits mit Elan einsetzt, um sich in die »Arbeit« zu stürzen, wenn seine Begeisterung geweckt ist, aber andererseits auch verwendet, um seinen Willen durchzusetzen. Da ist eine Wand? Na und, mein Kopf will da aber durch! Oft werden diese Kinder auch aggressiv. Kleine Choleriker müssen ihre Energie irgendwie loswerden und tragen diese stets nach außen. Hat sich der Frust erst einmal abgebaut, ist die Wutattacke vorbei. Unterstützen kannst du ein cholerisches Kind durch Einfühlsamkeit, Verständnis und eine liebevolle Strenge sowie ausreichend Anreize, seine Energie loszuwerden. Im weiteren Text werde ich dieses Kind als Sturkopf bezeichnen.

- Ein kleiner **Sanguiniker** trägt die Sonne im Herzen. Solche Kinder sind fröhlich, aufgeweckt, neugierig, sind viel in Bewegung, sprechen gern und suchen Kontakt zu anderen Menschen. Sie sind aber auch unstet, unordentlich, leicht ablenkbar und möchten sich nur ungern Regeln unterordnen. Ihr Motto ist klar: »Das Leben ist schön! Es gibt so viel zu entdecken, dass ich mich beeilen muss, um nichts zu verpassen.« Bei einem sanguinischen Kind solltest du die Leine nicht zu lang lassen. Es braucht ab und zu die Erinnerung, sich an Regeln zu halten. Als Eltern kann man dem kleinen Sanguiniker helfen, wenn man einen Ruhepol in seinen lebhaften Alltag bringt. Das könnte das intensive Lauschen der Umgebungsgeräusche oder eine spannende Geschichte sein. Wenn du im Ratgeber Wirbelwind liest, steht dies für das sanguinische Kind.

- Das **phlegmatische** Kind scheint vom Stern der Yogis zu kommen, tiefenentspannt, in sich ruhend und mit offenen Augen. Während das sanguinische Kind aufgeregt durch die Kita flitzt, kann der kleine Phlegmatiker nur darüber schmunzeln und weiter puzzeln. Wird ihm allerdings eine Situation zu stressig, reagiert dieses Kind mit noch mehr Ruhe. Hetzen ist nicht erlaubt, keinesfalls! Dem kleinen Phlegmatiker tun Verständnis und ausreichend Zeit gut. Plane einfach immer einen größeren Zeitpuffer in seinen Alltag ein. Man kann dieses Kind auch durch ein paar Gegenpole (Aufmunterungen, Interesse wecken, Fröhlichkeit, aktive Kinder) animieren, sich aus seinem Schneckenhaus zu begeben. Das phlegmatische Kind wird nachfolgend als Yogi bezeichnet.

- Der kleine **Melancholiker** ist sehr nachdenklich, stellt dabei auch tiefgründige Fragen (wie ein kleiner Philosoph) und ist feinfühlig. Geschehnisse, die in ihm etwas ausgelöst haben, können lange nachwirken, auch wenn er nicht direkt beteiligt war. Empathie spielt für dieses Kind eine große Rolle. Beim melancholischen Kind ist es wichtig, eine Vertrauensbasis zu schaffen, damit es sich öffnen kann. Eltern sollten viel Liebe und Wärme geben, Verständnis zeigen, das melancholische Kind mit Zuversicht füttern und seine philosophischen Gedanken nähren. Beleuchtet man beispielsweise die Genialität von Mutter Natur, so werden sich Erwachsene wundern, zu welchen Gedankengängen ein kleiner Melancholiker fähig ist. Dieses Kind erkennst du im Buch als Philosoph.

Prinzipiell findet sich jedes Kind in mehr als einer »Kategorie« wieder und manchmal vermischen sich die Temperamente derart, dass eine Zuordnung unmöglich wird. Diese Kategorien kannst du aber nutzen, um Reaktionen oder wiederkehrende Stresssituationen mit deinem Kind genauer zu studieren. Hat sich ein Muster bestätigt, so kannst du gegensteuern und für Entspannung sorgen.

ZUSAMMENFASSUNG

Alles easy – einzelne Entwicklungsphasen der Kinder begründen ihre Handlungen und sorgen für eine Weiterentwicklung!

Bleib gelassen, denn typische Phasen eines Kindes gehen nach erfolgreicher Beendigung vorbei!

Bleib entspannt – charakteristische Temperamente können Verhaltensweisen von Kindern erklären!

2. Krisen & voller Alltag

Mama ist etwas genervt. Emma (3) kommentiert:
»Du hast wohl zu wenig geschlafen.«

Welche Eltern würden nicht am liebsten den turbulenten Alltag und die immer wiederkehrenden kleinen Krisen mit einem harmonischen Leben tauschen? Vor allem in Phasen, wo sie kaum zur Ruhe kommen und ein Problem das nächste jagt, wäre eine riesengroße Verschnaufpause wie ein Traumurlaub in der Karibik. Und wenn ich schon davon schreibe, dann begib dich doch in Gedanken an solch einen wundervollen Strand und genieße für ein paar Minuten das Rauschen des Meeres und die Wärme auf deiner Haut ... Diese kleine Auszeit kannst du jeden Tag haben, egal wo sich dein Traumziel befindet. Und während du noch den Sand unter deinen Füßen spürst, scheinen alle Sorgen weit weg. Ich habe mir ein Bild von meinem persönlichen Lieblingsplatz täglich weiter ausgestaltet, sodass ich heute bei erhöhtem Adrenalinspiegel sofort dorthin verreisen kann, und sei es auch nur ein paar Sekunden. Genau diese kurze Zeit reicht meistens aus, um die bevorstehende Explosion umgehen zu können. Vielleicht möchtest auch du als am Limit lebende Mama oder gestresster Papa solch eine Traumwelt erschaffen? Dann verinnerliche dir diesen Ort jeden Tag aufs Neue, denn nur dann kann dein Unterbewusstsein diesen Platz zum Durchatmen abspeichern und dir umgehend zur Verfügung stellen, sobald du die Realität verlassen möchtest. Selbstverständlich kann dich dein imaginärer Wohlfühlort auch zu anderen Zeiten mit Gelassenheit, Beruhigung, Freude, Zuversicht und Freiheit versorgen. Nimm dir diese Pause, so oft du möchtest, und spüre dabei, wie sich dein Körper und Geist entspannen.

Kleine Stolpersteine als Lernimpuls

Was wäre denn, wenn sich Eltern tatsächlich ein Leben mit ihren Kindern in hundertprozentiger Harmonie wünschen könnten? Es wäre schlicht und einfach stinklangweilig. »Einen schönen guten Morgen, Bastian. Hast du gut geschlafen?« »Ja, Mama. Kann ich bitte eine Tasse Kakao bekommen?« »Bitteschön, mein Schatz, dein Kamillentee!« »Dankeschön! Du bist aber lieb zu mir!« »Pack bitte dein Pausenbrot für die Kita ein!« »Danke, Mama, dass du mein Brot mit Leberwurst gestrichen hast, obwohl ich doch Käse wollte!« »Geh bitte deine Zähne putzen!« »Ja, mach ich gern, Mama.« »Oh, Mama, mir ist die Zahnpasta auf den Pulli gekleckert.« »Ach, macht doch nichts, dann ziehen wir deinen Lieblingspulli aus und du bekommst den mit dem hässlichen Aufdruck.«

Auch wenn diese Geschichte ziemlich überspitzt ist, zeigt sie doch, dass ein harmonisches Zusammenspiel auf Kosten der Weiterentwicklung geht. In diesem Beispiel ist das Kind durch den anerzogenen totalen Gehorsam der eindeutige Verlierer. Doch auch die Mutter verwehrt sich eine andere Blickrichtung und bleibt auf ihrem Thron der Macht sitzen. Gerade Reibungen im Alltag ermöglichen schließlich erst die Entwicklung der Kinder und natürlich auch der Erwachsenen. Jeder kleine Stolperstein soll dich oder dein Kind nicht ärgern, sondern die Grundlage sein, um daran zu wachsen. Kinder nehmen diese Hürden gar nicht richtig wahr. Sie sind einfach da, werden ohne Bedenken angenommen und solange erklommen, bis sie übersprungen werden können. Wäre das für uns Eltern nicht auch der richtige Weg?

Anregung

Stell dir vor, ein Problem trifft dich völlig unvorbereitet und natürlich zu einem Zeitpunkt, der so gar nicht in deinen Alltag passt. Heute verfluchst du diesen Stolperstein nicht, sondern heißt ihn herzlich willkommen in deinem Leben. Allein dieser positive Gedanke lässt das Problem gleich ein wenig schrumpfen. Nun bedankst du dich auch noch für die Möglichkeit zu deiner persönlichen Weiterentwicklung. Spüre in deinem Körper nach, was nun passiert.

Vermutlich entspannst du dich und siehst den Stolperstein als Gegner auf Augenhöhe, nicht als einen, dem du nicht gewachsen bist. Anschließend kannst du entscheiden, wie es weitergehen wird.

Die Sicht auf die Dinge zu verändern, ist in vielen Fällen schon der erste Lösungsansatz für ein Problem. Nicht selten entpuppt sich die ganze Sache beim näheren Betrachten als Peanuts. Entweder brauchst du keine Energien hineinzustecken, weil sich das Problem in naher Zukunft von ganz allein lösen wird, oder das Problem war eigentlich gar keines. Wie oft wird in solchen Situationen aus einer Mücke ein Elefant gemacht? Dabei wäre es viel einfacher und kräfteschonender, den Mini-Stolperstein als solchen stehen zu lassen. Wenn sich zwei Kinder im Alter von fünf Jahren um ein Spielzeugauto streiten, sind sie bereits in der Lage, ihren Konflikt allein auszutragen und in aller Regel werden sie das auch tun, sofern wir Eltern nicht einschreiten. Geh lieber aus der Gefahrenzone, verschwende keine unnötige Energie und lass die Kids die Situation auf ihre ganz individuelle Weise klären. Auf dem Weg in die Selbständigkeit müssen Kinder sich selbst ausprobieren und aus ihren eigenen Erfahrungen lernen dürfen. Diesen Freiraum sollten Eltern ihrem Nachwuchs immer zugestehen.

Erweist sich nun ein Problem tatsächlich als größerer Stolperstein, dann wird es Zeit zum Lernen. Für uns als Eltern gilt es dabei, die Kinder bestmöglich zu unterstützen. Mit unserer Lebenserfahrung ist es möglich, der Ursache auf den Grund zu gehen. Wir können die Hürde genau analysieren und zusammen mit den individuellen Möglichkeiten des Kindes Lösungsansätze finden.

FALLBEISPIEL

Anna (4 Jahre) hat ihre drei besten Freundinnen aus der Kita zur Geburtstagsfeier eingeladen, darunter Finja. Für die freie Spielzeit hat die schüchterne Anna mit ihrer Mama eine Kiste Legosteine sowie zwei Puppen und diverses Puppenzubehör zurechtgelegt. Alles verläuft nach Plan. Jippie! Bis nach fünf Minuten die forsche Finja eine Inventur im Kinderzimmer beginnt. Anna schaut hilflos zu, wie Finja Bücher und Spiele aus dem Schrank zieht, kurz begutachtet und dann auf den Boden wirft. Als sie sich auch noch das Kinderkeyboard schnappt, läuft Anna weinend zu ihrer Mama. Um ihrer Tochter zu helfen, wird sie zunächst das Keyboard in Sicherheit bringen. Doch damit ist Anna nur bedingt geholfen. Ihre Mama wird nach dem Geburtstag mit Anna sprechen, um sie zu ermutigen, selbst Stellung zu beziehen. Da Anna sehr schüchtern ist, hilft es nicht, dem Kind zu erklären, dass es Nein sagen soll. Es wird vermutlich viele Anläufe brauchen, bis Anna das Selbstbewusstsein hat, sich anderen Kindern entgegenzustellen.

Die Mama könnte in diesem Fall mit Anna beispielsweise solche Szenen mithilfe ihrer Puppen nachspielen und die Situationen variieren. »Hey, forsche Finja! Heute spielen wir Frosch-Finja! Mach nichts schlimmes, am sonsten sage ich quak, quak.« Ok, nun wieder ernsthaft. Sie könnte auch Bücher vorlesen, die dieses Thema aufgreifen. Eine weitere Möglichkeit wäre es, Finja wieder einzuladen, damit Anna mit der Sicherheit ihrer Mama lernen kann, klar und deutlich Nein zu sagen. Dazu muss die Mama gar nicht im Kinderzimmer bleiben, sondern kann mit Anna verabreden, dass sie sich in der Nähe aufhält und mit ihren Ohren alles verfolgt.

So wichtig wie die Hürden für die Entwicklung des Menschen sind, so wichtig ist es auch, Fehler zu machen. Nicht jedes Problem lässt sich auf Anhieb bewältigen. Doch der innere Antrieb, auch diese Situation zu meistern und aus den bisher gemachten Fehlern zu lernen, führt letztendlich zum Erfolg. Und je mehr Erfolge sich im Laufe des Lebens einstellen, umso gelassener wird auch der Blick auf die Sorgen, denn tief im Inneren weiß man dann, dass es nur Mut, Ausdauer und einen klaren Verstand braucht, um eine Hürde zu überwinden.

STOLPERFALLE: EIGENES VERHALTEN

unbewusste elterliche Verhaltensmuster & Glaubenssätze aus deiner Kindheit

Vieles, was wir an unsere Kids weitergeben, hat seinen Ursprung in unserer eigenen Kindheit. Dabei handelt es sich vor allem um Verhaltensmuster und Glaubenssätze unserer Eltern, die wir unbewusst übernommen haben. Du musst dich auch gar nicht grämen, wenn dir auffällt, dass du das Verhalten deiner Eltern kopiert hast. Gerade kleine Kinder lernen durch Beobachtung und Nachahmung. Das ist genetisch vorprogrammiert und kann genauso wenig verändert werden wie das Abspeichern verschiedener Angewohnheiten, die sich in der Kindheit festgesetzt haben. Stehst du nun unter Stress, läuft dein Körper auf Hochtouren, schüttet jede Menge Hormone aus und bedient sich abgespeicherter, gut funktionierender Handlungsabläufe. Zudem haben tief verpflanzte genetische Grundlagen seit jeher das Überleben der Menschheit gesichert. In einer Stresssituation muss der Mensch handlungsfähig bleiben, ohne vorher abzuwägen. Wenn sich urplötzlich ein gigantischer Bär seinen Weg aus dem Dickicht bahnt und die Sippe angreift, gilt nur noch kämpfen oder fliehen. Wenn dieser gigantische Bär nun dein kleiner tapsiger Bär ist, der an der Kasse vehement um sein Überraschungsei kämpft, und dich bereits böse Blicke der umstehenden Herde treffen, dann schießen die Stresshormone durch deinen Körper und du wirst quasi von einer Routine überrollt. Kämpfen oder nachgeben? Ob deine Reaktion die richtige war, kannst du erst hinterher beurteilen, wenn du genug Abstand zum Ereignis gewonnen hast. Und dann beginnt die eigentliche Arbeit an den Verhaltensmustern, denn diese Muster kannst du überschreiben, wenn du sie enttarnt und durch eine andere Reaktion ersetzt hast!

Das Verhalten deiner Eltern hast du in der ein oder anderen Rückschau wahrscheinlich schon detailliert analysiert und Muster gefunden, die in deiner Beziehung zu den Kids keine Rolle spielen werden. Mitunter verstecken sich Verhaltensmuster unter einer Decke, die du so gar nicht finden würdest. Hier sind sehr oft der Partner, Geschwister oder ein/e beste/r Freund/in gute Beobachter und nicht zu vergessen, die eigenen Kinder. Wenn du beispielsweise bei jeder Kleinigkeit, die schief geht, wie deine Mutter laut stöhnst: »Oh, nein! Nicht das noch!«, so werden deine Kinder diesen Ausspruch vermutlich wiederholen (Nachahmungseffekt). Die Worte wären an sich nicht weiter tragisch, doch wenn die negativen Ereignisse immer wieder mit einem negativen Kommentar belegt werden, bildet sich eine Verknüpfung im Gehirn. Würdest du nun gezielt darauf achten, beim nächsten Schlamassel einfach zu lachen, mit den Schultern zucken und »Halb so schlimm« nachschicken, könnten auch die Kinder solche Kleinigkeiten als unbedeutende Ereignisse speichern. Zudem erleichtert die positive Verknüpfung deinen Alltag.

Ähnlich verhält es sich mit Glaubenssätzen. Nimm dir mal einen Tag Zeit und geh mit offenen Ohren durch die Welt. Es ist erstaunlich, wie viele Glaubenssätze existieren, von »Ich bin noch zu jung.« über »Ich bin aus dem Alter raus.« (Seite 16) bis zu »Ich bin völlig unbegabt!« oder »Ich bin zu dick, aber das liegt in der Familie.« Bevor du dich damit persönlich angesprochen fühlst, möchte ich dich wissen lassen, dass ich diese Sätze nicht bewerte. Mir ist völlig klar, dass es auch Menschen gibt, die von der Natur so geschaffen wurden, dass sie mehr Gewicht auf die Waage bringen und alles unternehmen können, ohne auch nur ein Gramm abzunehmen. Es geht mir vielmehr darum, dieses Glaubensmuster ins Positive zu formulieren, beispielsweise so: »Ich fühle mich in meinem Körper rundum wohl!« Würdest du jetzt den alten Glaubenssatz immer wieder verwenden, so wird er in deinem Leben und auch dem deines Kindes eine Rolle spielen. Stell dir nun noch vor, dein kleiner Wonneproppen setzt im Laufe seiner Kindheit vor einem Wachstumsschub Gewicht an. Er bekommt am Morgen seine Hose nicht zu und braucht deine Hilfe. Weil die Zeit eh schon knapp ist, bist du genervt und kommentierst ohne zu überlegen: »Du wirst doch nicht meine Gene haben und auch dick werden?« Bingo! Ein paar ähnliche Sätze auch von anderen Personen (vielleicht deiner Mutter) können diesen Glauben bei deinem Kind festsetzen.

Viele Eltern sind sich ihrer Verantwortung gegenüber Verhaltensmustern und Glaubenssätzen bewusst und können im Alltag so agieren, dass negative Reaktionen auf ein Minimum reduziert bzw. gewisse Muster ganz abgeschafft wurden. Schwierig ist in den meisten Fällen tatsächlich nur die Stresssituation, in der unser Körper von Hormonen und Überlebensregeln bestimmt wird. Deshalb stellt sich hier die Frage, wie man solche verzwickten Situationen umschiffen oder gelassen meistern kann. Ich würde als erstes vergangene, stressauslösende Momente analysieren. Was war die Ursache (Zeitknappheit am Morgen)? Wodurch wurde die Situation brenzlig (Kind brauchte Hilfe, weil Hose zu eng, Zeit wurde noch knapper)? Wie schnell komme ich auf Hundertachtzig (Stresspegel hoch)? Dann kannst du dich daran machen, Lösungen zu finden. In unserem Beispiel wäre es denkbar, etwas früher aufzustehen (Gut gemeinter Vorschlag, aber nicht wirklich akzeptabel? Kann ich sehr gut verstehen ...) oder den Ablauf anders zu organisieren. Dazu kann ich leider keine genauen Tipps geben, denn ich kenne deinen Alltag nicht. Bei uns hat es geholfen, bereits am Vorabend die Butterbrote zu schmieren und in den Kühlschrank zu stellen sowie den Tisch fürs Frühstück zu decken und alle Klamotten bereitzulegen. Gegen Trödeleien im Bad haben wir das Turbo-Waschen-und-Zähne-Putzen eingeführt. Einmal in der Woche standen wir morgens alle gemeinsam am Waschbecken, jeder mit einem Lappen bewaffnet. Und dann ging alles ganz flott. Ich habe die Waschlappen nass gemacht und ausgewrungen, die Kinder Seife drauf und sich gewaschen. Zwischendrin habe ich die Lappen ausgewaschen und wieder weitergereicht. Nebenbei musste ich mich natürlich auch waschen und habe deshalb immer verloren. Das fanden die Kids sehr lustig und haben meist am Schluss geholfen, mich mit ihren Lappen zu säubern. Das Bad sah hinterher aus wie ... naja, dieser Tag wurde dann zum Badputztag erklärt. Im Laufe der Zeit wurde täglich seltener getrödelt (Gewöhnungseffekt), auch wenn die Turboreinigung nur einmal wöchentlich stattfand. Nun aber wieder zum obigen Beispiel. Die Situation wurde neben dem Zeitfaktor stressig, weil ein Hindernis auftauchte. Das hätte durchaus auch eines ohne Kind sein können. Leider ging die Reaktion auf Kosten des Kindes. Sich in stressigen Situationen irgendwie ausdrücken zu müssen, ist menschlich und deshalb könntest du in solchen Augenblicken versuchen, einen anderen Weg zu finden, um die Emotionen herauszulassen.

Anregung

Im Moment der Stresssituation musst du auf Altbewährtes zurückgreifen. Wenn nun aber kein Verhaltensmuster angelegt ist, eine angemessene Reaktion hervorzurufen, dann kannst du eine erschaffen. Überlege dir, wie du im Idealfall agieren möchtest und male dir diesen Ablauf sehr deutlich aus. Trainiere sozusagen den Ablauf im Kopf, sodass er abgespeichert werden kann. Empfehlenswert ist, wie du sicherlich schon weißt, das ultimative Durchatmen. In dieser kurzen Verschnaufpause hast du genügend Zeit, um das neue Verhaltensmuster aufzurufen. Du könntest beispielsweise beim Innehalten laut ausatmen, gern auch mit einem »Puh!« und wenn der Hosenknopf geschlossen oder die Situation auch mit offenem Knopf und einem Gürtel gerettet ist, ein »Geschafft!« mit einem Lächeln hinterherschicken.

Als letzten Punkt der Selbstreflektion habe ich deinen Stresspegel angesprochen. In Zeiten der achtsamen Beziehung zu sich selbst, hast du es vielleicht schon geschafft, gelassen und ruhig zu agieren und nur selten aus der Haut zu fahren. Darauf solltest du stolz sein! Falls dir dein Stresspegel allerdings noch zu hoch erscheint, könntest du mit verschiedenen Methoden daran arbeiten. Bewährt haben sich gezielt eingelegte Pausen im Alltag, die du gern als Termin in deinem Kalender eintragen kannst, des weiteren Meditationen, Autogenes Training, Yoga, die Beschäftigung mit einem kreativen Hobby, die Begleitung deines Alltags durch Musik oder der Ausgleich durch Sport.

STOLPERFALLE: MENTAL LOAD

»Papa, was macht einen richtigen Mann aus?«

»Ein richtiger Mann ist jemand, der die Verantwortung für die Familie trägt, sie beschützt und alles für sie tut.«

»Wenn ich groß bin, will ich auch mal ein richtiger Mann werden, so wie Mama.«

Nach den Verhaltensmustern und Glaubenssätzen habe ich bei mir noch einen wichtigen Stolperstein enttarnt, der sich direkt an das Thema traditionelle Erziehung anschließt – die klassische Rollenverteilung. Ich möchte hierbei allerdings nicht auf die unterschiedlichen Rollen innerhalb der Familie eingehen, sondern nur die damit zusammenhängende mentale Last (Mental Load) beleuchten. Erfreulicherweise gehen Paare mit Kindern bei der Rollenverteilung heutzutage ganz neue Wege. Während sich das klassische Familienbild deutlich verändert hat, wurden auch die Hoheitsgebiete von Mutter und Vater anders definiert. Natürlich sind wir Mamas durch das Stillen in den ersten Wochen an das Kleine gebunden und möchten diese so besondere Zeit intensiv auskosten. Doch auch Väter engagieren sich und versuchen, dieses Manko auszugleichen.

Für ein intaktes Familienleben ist es von Bedeutung, dass die Aufgaben gemeinsam verteilt werden und auch die dazugehörige Verantwortung. Wie du das in deiner Familie gestaltest und welcher Anteil an der Gesamtmenge aller Aufgaben jedem Elternteil zukommt, liegt in eurem gemeinsamen Ermessen. Traditionell lag die Verantwortung für die Existenzsicherung der Familie bei den Vätern und die der Kindererziehung und Organisation bei den Müttern. Durch modernere Konzepte scheint dieses Modell Geschichte, doch mir fällt immer noch auf, dass die Verantwortung für die Kinder nahezu komplett bei den Müttern bleibt. Dieser unsichtbare Schwanz, der daran hängt, führt bei Müttern ebenfalls zu Stress, der mentalen Last oder Mental Load. Auch wenn du dich damit schon befasst hast, möchte ich ein kurzes Beispiel geben: Eine fünfköpfige Familie fährt in drei Tagen in den Sommerurlaub.

Der Papa ist für alle Sachen rund um das Auto zuständig, die Mama übernimmt den Rest. Jonas (4 Jahre) hat am Abend zum Ausklang des Kindergartenjahres ein Fest. Mama bäckt dafür einen Kuchen, während die

Waschmaschine läuft. Julian (7 Jahre) kommt gerade mit einem Freund nach Hause und bettelt darum, noch vor dem Urlaub bei ihm übernachten zu dürfen. Jasmin (2 Jahre) wacht nach dem Mittagsschlaf auf und will unbedingt Koffer packen. Die Mama, die hier nicht entspannt bleiben kann, wird über kurz oder lang an diesem Tag genervt reagieren, denn nicht nur die einzelnen Aufgaben wie Waschen, Backen und Kofferpacken sind ein Aspekt, sondern auch die vielen organisatorischen Dinge und diverse Entscheidungsfragen. Kann Julian übernachten? Wollen das auch die Eltern des Freundes? Wenn ja, wann? Heute geht es nicht, Termin im Kindergarten. Was braucht er für die Übernachtung? Was davon soll jedoch mit in den Urlaub (z. B. Schlafsack)? Wie kommt Julian hin, wie zurück? Müssen noch Cracker für den Abend bei Julians Freund gekauft werden? Diese Fragen betreffen nur ein Kind und ziehen eine beträchtliche Anzahl an Überlegungen und Entscheidungen nach sich. Deshalb sollten auch Angelegenheiten, die nicht nur sichtbare Handlungen sind, unter den Partnern verteilt werden.

Diese mentalen unsichtbaren Aufgaben, die von den Vätern nicht immer wahrgenommen werden, machen einen großen Prozentsatz der mütterlichen Arbeit aus. Deshalb sollten sie ganz gezielt angesprochen werden. Welche Überlegungen im Kopf einer Mutter vorgehen, kann der Partner nur dann wissen, wenn sie immer wieder Beispiele aufführt, die sie allein klären muss. Ich verstehe durchaus, dass ein Papa nicht unbedingt mit seiner sechsjährigen Tochter einen ganzen Nachmittag beim Shopping verbringen möchte, nur weil sie aus den alten Klamotten herausgewachsen ist. Ich glaube sogar, das könnte ein Mann uns Frauen gar nicht recht machen. Und dann dürfen wir ehrlicherweise zugeben, dass uns diese Aufgabe Freude bereiten würde. Der Papa könnte dagegen dafür verantwortlich sein, die Schuhe regelmäßig zu putzen und auch darauf zu achten, dass die Sommerschuhe im Winter weggeräumt werden und die Winterschuhe in den Schuhschrank gestellt werden, natürlich rechtzeitig und ohne zu vergessen, die Schuhgröße der Kinder zu messen und die der Schuhe zu kontrollieren. Den Einkauf könnte dann wieder die Mama übernehmen. Auch organisatorische Dinge können geteilt werden, wie die wöchentliche Einkaufsliste, der Terminplaner oder der Essensplan.

Anregung

Um bei diesem wichtigen Thema produktiv an der Stolperfalle Mental Load arbeiten zu können, bieten sich Übersichten oder Listen an. Das klingt vermutlich nach viel Aufwand, der auch gar nicht geleugnet werden kann, doch der Erfolg gibt vielen Paaren recht. Die Aufstellung aller Denkprozesse werden in eine Tabelle eingetragen, damit für jeden ersichtlich ist, welche Anliegen mental bearbeitet werden. Unterscheide dabei gern nach der Häufigkeit der Entscheidung oder der daraus resultierenden Arbeit. Das Kinderfahrrad benötigt vielleicht zweimal im Jahr einen neuen Mantel, der gekauft und ausgewechselt werden muss. Die Waschmaschine läuft dagegen täglich und verbraucht entsprechend Waschmittel. In der nachfolgend vorbereiteten Tabelle kannst du einige Anhaltspunkte an Themenkomplexen sehen, die natürlich vertieft werden müssen. Zur Ernährung gehören dabei die Lagerhaltung (also beispielsweise: Was ist im Kühlschrank?), der Einkauf der Lebensmittel und die Zubereitung, aber auch die Beschäftigung mit gesunder Ernährung, das Lesen von Kochbüchern oder ähnliches. So kann jedes Thema noch genauer betrachtet werden. Auch wenn die Kinder selbst nur wenig beitragen können, so können sie ab einem gewissen Alter auch kleine mentale Aufgaben übernehmen. Warum sollten sie den Speiseplan oder die Planung von Freizeitaktivitäten nicht mitgestalten können? Wenn kleine Kompetenzen an die Kids übertragen werden, sind sie auch eher bereit, aktive Aufgaben in ihrem Kompetenzbereich auszuführen. Das ist natürlich anfangs echte Arbeit und ein Mehraufwand für die Eltern, doch im Laufe der Zeit führt dies zur Erleichterung des Alltags und durch ihr Mitspracherecht lernen die Kinder, Verantwortung zu übernehmen.

	PARTNER 1	PARTNER 2
ERZIEHUNG		
ERNÄHRUNG		
KÖRPERPFLEGE		
HAUSHALT		
FINANZEN		
FAHRZEUGE (AUCH FAHRRÄDER, ROLLER)		
TECHNISCHE GERÄTE		
GARTEN		
FREIZEIT		

Unterstützende Begleitung trotz kleiner Krisen

Mit den Betrachtungen der vorangegangenen Abschnitte hast du bereits die richtige Fährte im Visier. Nur wer sich und sein Handeln immer wieder hinterfragt, kann das aus seiner Sicht Bestmögliche aus der jeweiligen Situation machen und die Beziehung zu seinen Kleinen so gestalten, wie es erstrebenswert ist. Dies schließt natürlich mit ein, dass nicht jeder Tag perfekt sein wird und dich der Alltag überfordern kann. Und auch, dass Fehler gemacht werden, die notwendig sind, um voranzukommen. Es ist dabei nur wichtig, die richtige Fährte nicht aus den Augen zu verlieren. Umwege und falsch genommene Abzweigungen sind die Stolpersteine, die eine Veränderung mit sich und eine Entwicklung vorwärtsbringen.

Anregung

Solltest du im Alltag von deinem Weg abgekommen sein, ist eine Umkehr zwar aufwendig, aber nicht unmöglich. Die Kräfte dafür schlummern in dir! Zunächst solltest du durchatmen, am besten an der frischen Luft. Schick deine Gedanken auf die Reise, egal wohin und lass das Problem in diesem Moment einfach Problem sein. Oder wie wäre es mit einer Portion Kinderglück? Steige auf einen Baum, schaukle auf dem Spielplatz oder kullere einen Hügel hinab! Veränderte Blickwinkel verändern die Sicht. Und dann nimmst du Zettel und Stift und notierst, was dich zurzeit stört, warum das so sein könnte und welche Möglichkeiten es gibt, diesen Zustand zu verändern. Überlege auch, ob sich das Problem nicht in absehbarer Zeit von allein regelt. Dann bräuchtest du deine Energie nicht hineinzustecken und könntest sie anderweitig nutzen.

Im Alltag mit deinen Kindern heißt die richtige Fährte unter anderem Liebe, Geborgenheit, Akzeptanz, Verständnis, Empathie, Vertrauen und Zeit. Diese Liste kannst du für dich sehr gern ergänzen, da es nur einige der wichtigsten Grundsteine sind. Dass sie dazugehören, ist dir nichts Neues und soll auch nicht das eigentliche Thema dieses Abschnitts sein. Mein Anliegen geht in eine ganz andere Richtung, nämlich hin zu deinem Bauch oder besser gesagt zu deinem Bauchgefühl.

Für die Entwicklung einer gesunden Beziehung zwischen Eltern und Kindern spielt zunächst das gegenseitige Kennenlernen eine Rolle, denn weder Kinder noch Eltern sind genormt. Jeder von ihnen ist ein Individuum, jeder bringt seinen eigenen Charakter mit. Während die Kleinen ihre Persönlichkeit erst entfalten und zu einem Erwachsenen reifen, haben Eltern bereits eine eigene Geschichte. Die Erfahrungen, die sie gemacht haben, prägen sie und rufen in ähnlichen Situationen Reaktionen hervor, die im Erfahrungsschatz gesammelt wurden. Aus diesem Grund wird es für Erwachsene im Laufe des Lebens schwieriger, auf ihr naturgegebenes Bauchgefühl zu hören. Sie bedienen sich viel lieber guter Erfahrungen und verlassen sich auf Altbewährtes, wobei das durchaus richtig sein kann. Kommt nun ein Baby in die Familie, kann nicht auf Erfahrungen mit diesem Individuum zurückgegriffen werden. Und so müssen sich Eltern ein eigenes Bild aufbauen, den Charakter des Kleinen kennenlernen, seine Reaktionen und Signale deuten. Schritt für Schritt können sie eine Beziehung aufbauen, genauso wie es das Kind machen wird. Dabei ist in den ersten Wochen und Monaten sehr viel Intuition gefragt. Die Meldungen und Rückmeldungen ergeben langsam einen Sinn und werden im Bewusstsein und im Unterbewusstsein abgespeichert, sodass sie bei Bedarf abgerufen werden können. Im Umgang mit ihren Kindern bleibt das Bauchgefühl dennoch wichtig, denn immer wieder tauchen neue Situationen auf, weil das Kind verschiedene Entwicklungsstufen durchläuft. Es wird auch Momente geben, in denen das Kind einen neuen Weg einschlägt, um die Eltern zu testen. Dafür ein Gespür zu entwickeln, hilft im Alltag wunderbar.

In unseren Genen stecken verschiedene Instinkte und Anlagen, die wir nutzen können. Wir sollten uns bei der Erziehung unserer Kinder wieder mehr zutrauen und aus dem Bauch heraus agieren, bevor wir in unserem Gedächtnis händeringend nach dem richtigen Ablauf einer Konfliktbewältigung kramen, den wir vor Wochen in einem Ratgeber gelesen haben. Keine Frage, dass schablonenhafte Methoden sinnvoll sind, um Handlungen, die sich wiederholen, wie das Sauberwerden oder das Streiten mit anderen Kindern genau analysieren und mit geeigneten Reaktionsmustern beantworten zu können. Was aber nicht das Ziel sein sollte, ist das starre Festhalten an diesen Methoden, denn sie können bei einem Kind in einer bestimmten Situation funktionieren, aber bei anderen eben nicht. Und hier kommt das Bauchgefühl zum Tragen. Du kennst dein Kind am besten und solltest intuitiv reagieren. Möglicherweise ist dein Kind heute sehr kooperativ und du würdest es nach Schema F dazu bringen, wieder auf Konfrontation zu gehen. Sich täglich an andere Umstände anzupassen, ist für Eltern wirklich eine große Aufgabe und ständige Herausforderung. Doch diese kannst du meistern! Es braucht dafür etwas Übung, Geduld und deine Aufmerksamkeit.

Du könntest nun fragen, wie man sein Bauchgefühl wieder näher in den Fokus des Alltags rücken könnte. Das ist gar nicht so schwierig. Es braucht dafür ein Mehr an Wahrnehmung und die Umstellung der Betrachtungsweise. Wahrnehmen ist nicht nur Sehen, sondern mit allen Sinnen in der Situation Ankommen – Fühlen, Riechen, Hören, Schmecken und Sehen. Im Alltag kommt dieser Aufgabe zu wenig Bedeutung zu. Wir sind zu viel mit anderen Dingen beschäftigt, als uns Zeit für diese wichtige Übung zu nehmen. Zudem beurteilen wir nahezu jede Beobachtung auch gleich: die vierfache Mama, die ihren Alltag scheinbar mühelos bewältigt, die immer herausgeputzte Nachbarin mit ihrem verzogenen Einzelkind, die arme Oma, die jeden Tag ihre Enkel betreuen muss. Warum in aller Welt müssen wir uns eine Meinung zu diesen Beispielen bilden? Und das ist der Knackpunkt, wir bewerten alles. Beim Yoga oder der Meditation wird darauf geachtet, einfach nichts zu bewerten.

Anregung

Beobachten bzw. Wahrnehmen, ohne zu bewerten, ist der Grundstock, um sich selbst und seine Kinder zu reflektieren. Diese Technik kannst du ganz einfach lernen, auch wenn es ein wenig Geduld und stetes Training erfordert. Nimm dir ein paar Minuten Zeit, beispielsweise am Morgen, wenn du unter der Dusche stehst. Nimm deine Umgebung wahr, ohne etwas als positiv oder negativ einzustufen. Siehst du im Spiegel deine wilden Locken? Sie sind da, wie immer. Hörst du nebenbei einen lauten Fluch deines Partners, weil er über deine Hauslatschen gestolpert ist. Es war nur ein Geräusch. Fühlst du die Nässe auf deiner Haut? Wasser ist so. Diese Übung kannst du jederzeit und an jedem Ort ausführen. Es kommt auch nicht auf die Trainingslänge an, sondern nur auf die ständige Wiederholung. Wenn du dieses Wahrnehmen eine Weile geübt hast, versuche, Situationen aus deinem Alltag in dieser Art zu betrachten. Ahmt der Mund deines Kindes das Schneiden mit der Schere nach? Schaut sich das Kind um, wenn es etwas anderes spielen möchte? Oder springt es urplötzlich auf und beginnt etwas Neues? Du wirst mit Sicherheit Dinge wahrnehmen, die dir bisher gar nicht aufgefallen sind.

Diese Beobachtungen mit all deinen Sinnen landen wieder in deinem persönlichen Speicher. Kommt es dann zu einer Konfliktsituation, wird aus all den Wahrnehmungen und Erfahrungen eine Reaktion hervorgerufen, die sich aus bewussten und intuitiven Schnipseln zusammensetzt. Stell dir vor, dein Kind fährt in einem Einkaufscenter zu gern Rolltreppe. Es kann seit vielen Wochen ganz ohne deine Hilfe die erste Stufe betreten. Freudestrahlend läuft dein Kind zur Rolltreppe, du hinterher. Und plötzlich ist etwas anders. Du weißt nicht genau was, aber eine Unsicherheit ist da. Und diese kannst du an der Bewegung deines Kindes komischerweise auch sehen. Deshalb schnappst du dir die Hand deines Kindes, während es schon stolpert. Intuitiv hast du bemerkt, dass etwas nicht stimmt und bewusst hast du die Hand genommen, weil du wusstest, dass ein Sturz weh tun kann. Du warst also auf der richtigen Fährte. Bei der nächsten Treppe nach oben kannst du wieder neu entscheiden. Traut sich dein Kind zu, es wieder allein zu probieren? Dann lass es ruhig und bleib einfach dicht daneben. Hat es nun etwas Angst? Dann gib ihm an diesem Tag die Sicherheit, die es gerade braucht. Deine veränderte Wahrnehmung und deine Intuition werden dich jederzeit leiten.

Vielleicht hast du beim Lesen bereits ein paar Abschnitte der richtigen Fährte für deine Familie gefunden. Ich möchte für dich dieses Kapitel noch einmal kurz zusammenfassen, damit du das Ziel einer wertschätzenden Beziehung zu deinem Kind nicht aus den Augen verlierst.

ZUSAMMENFASSUNG

Heiße alle Herausforderungen und Probleme im Leben willkommen und sieh diese als Lernimpuls an!

Mache ruhig Fehler, denn sie eröffnen neue Sichtweisen!

Enttarne unbewusste Verhaltensmuster und Glaubenssätze und schaffe diese ab!

Höre auf dein Bauchgefühl!

3. Kurze Rückschau:

Schlüpf noch einmal in deine Kindheit

Alex: »Ist Oma älter als du?«

Mama: »Ja klar, sie ist ja meine Mama.«

Alex: »Warum ist sie deine Mama?«

Mama: »Ich war in ihrem Bauch drin, so wie du bei mir.«

Alex: »Du? In Omas Bauch?«

Mama: »Ja.«

Alex mitleidig: »Mama! Du bist größer als Oma.
Ich fürchte, da hat dir jemand Quatsch erzählt.«

Wie hast du deine Kindheit erlebt?

Viele junge Eltern erinnern sich gern an ihre eigene Kindheit zurück und das ist wunderbar! Sie haben viel Liebe empfangen, auch wenn schon damals der Alltag nicht immer ganz leicht gewesen ist. Mitunter erscheint die Vergangenheit etwas weichgezeichnet, weil negative Erlebnisse oft verdrängt wurden. Das ist an sich nichts Schlechtes, denn positive Erinnerungen geben uns allen ein gutes Gefühl. Sie strahlen Optimismus aus und geben uns Halt. Vielleicht kannst du dich dennoch an einige unangenehme Situationen und Reaktionen deiner Eltern erinnern? Das geschieht sehr häufig, wenn wir uns in jenem Augenblick unschuldig fühlten. Ich habe heute noch das Bild vor mir, als mein Vater richtig sauer war, weil meine neue, helle Schneehose furchtbar dreckig war. Klar haben wir Kinder im tauenden Schnee und Matsch gespielt und ich hatte viel Spaß. Dass eine Hose dabei schmutzig werden kann, ist doch normal. Ich fühlte mich daher nicht schuldig. Warum auch? Hätten mir meine Eltern eine alte Hose gegeben oder eine dunkle gekauft, hätte es vermutlich keinen Ärger verursacht. Ich jedoch habe mir eine Schimpftirade anhören müssen, die ich nicht vergessen habe. Ich für meinen Teil bin in dieser Sache heute sehr kulant, auch wenn meine Kinder ihre Klamotten manchmal wirklich versauen, mit Dreck oder Farbe, Tannenzapfen und Steinchen in den Taschen, Sand in der Mütze ...

Hast du neben solchen unangenehmen Erlebnissen noch weitere Erinnerungen? Kannst du dich in der Rückschau noch erinnern, wie euer Tagesablauf aussah? Gab es damals feste Rituale? Konntest du jederzeit mit deinen Kindersorgen zu deinen Eltern, vermutlich in erster Linie zu deiner Mutter, kommen? Hatte sie ein offenes Ohr, eine kleine unterstützende Botschaft für dich oder hieß es: »Das wird schon wieder!« und damit war die Angelegenheit geklärt? Wie sah es bei Trotzreaktionen deinerseits aus? Ist deinen Eltern auch schon mal die Hand ausgerutscht? Hattest du sogar Angst vor Bestrafungen? Musstest du jederzeit gehorsam sein oder ließen deine Eltern auch mal etwas durchgehen? Diese und noch weitere Fragen, die du für sinnvoll erachtest, solltest du dir beantworten. Schreib sie gern auf, wenn es dir nützlich erscheint. In welchem Zeitrahmen du dir Gedanken über deine eigene Kindheit machst, spielt auch keine Rolle. Manche Erinnerungen kommen erst bei speziellen Reizen, wie etwa in einer konkreten Situation mit deinem eigenen Kind.

Anregung

Um deine Aufarbeitung etwas zu unterstützen, möchte ich dir eine kleine Anregung geben, die du gern erweitern kannst. Durch Ausfüllen dieser noch unvollständigen Liste kannst du abschließend schwarz auf weiß sehen, welche Gefühle die Situationen und Reaktionen deiner Eltern heute in dir hervorrufen. Ich möchte dich motivieren, ganz individuelle Punkte mit aufzunehmen, die dir besonders wichtig in Bezug auf deine Kinder erscheinen. Die Anzahl der ausgemalten Sterne steht dabei für die Intensität des Gefühls, die Farbe dafür, ob du etwas als positiv oder negativ betrachtest. Such dir einfach eigene Farben aus oder verwende grün für positiv und rot für negativ. Jede Zeile enthält zwei Auswertungen, je einmal für deine Mutter und einmal für deinen Vater. Sollte deine Familienkonstellation anders ausgefallen sein, so passe die Übersicht entsprechend an.

Hatten deine Eltern ...

ausreichend Zeit für dich als Kind im Alltag?

☆☆☆☆☆ ☆☆☆☆☆

ausreichend Zeit für dich als Kind am Wochenende und in den Ferien?

☆☆☆☆☆ ☆☆☆☆☆

ausreichend Zeit für dich bei Sorgen und Ängsten?

☆☆☆☆☆ ☆☆☆☆☆

ausreichend Zeit, wenn du krank warst?

☆☆☆☆☆ ☆☆☆☆☆

Haben dich deine Eltern unterstützt ...

mit aufmunternden Worten?

☆☆☆☆☆ ☆☆☆☆☆

mit liebevollen Gesten, Umarmungen, Kuscheln etc.?

☆☆☆☆☆ ☆☆☆☆☆

bei der Entwicklung einer Lösungsstrategie?

☆☆☆☆☆ ☆☆☆☆☆

bei Streitereien mit deinen Geschwistern?

☆☆☆☆☆ ☆☆☆☆☆

bei der Verwirklichung deiner Ideen?

☆☆☆☆☆ ☆☆☆☆☆

Waren sie oft gerecht, gerade in Bezug auf Geschwister?

Haben Sie viele Grenzen gesetzt?

☆☆☆☆☆ ☆☆☆☆☆

Fandest du ihre Reaktionen meistens angemessen?

☆☆☆☆☆ ☆☆☆☆☆

Fandest du Strafen meistens angemessen?

☆☆☆☆☆ ☆☆☆☆☆

Wurden Kleinigkeiten bestraft?

☆☆☆☆☆ ☆☆☆☆☆

Verhielten sich deine Eltern immer vorhersehbar oder wechselten sie ihre Erziehungsmethoden?

Wurdest du gelobt?

☆☆☆☆☆ ☆☆☆☆☆

Gab es Belohnungen für besonders braves Verhalten?

☆☆☆☆☆ ☆☆☆☆☆

Hattest du Raum zur Selbstentfaltung?

☆☆☆☆☆ ☆☆☆☆☆

Durftest du viele Dinge selbständig entscheiden?

☆☆☆☆☆ ☆☆☆☆☆

Konntest du deine Freizeit selbst gestalten oder musstest du zum Sport, zur Musik etc.?

☆☆☆☆☆ ☆☆☆☆☆

Was fällt dir sonst noch ein?

....

☆☆☆☆☆ ☆☆☆☆☆

....

☆☆☆☆☆ ☆☆☆☆☆

....

☆☆☆☆☆ ☆☆☆☆☆

Nachdem du ein wenig in deinen Kindertagen unterwegs warst, wird es Zeit, sich über das Ergebnis klar zu werden. Würdest du heute ebenso handeln wie deine Eltern? Glaubst du, was dir geholfen hat, kann bei deinen Kindern genauso funktionieren? Auch heute hört man Eltern noch sagen: »Der Klaps hat mir nicht geschadet, dann wird es bei meinen Kindern auch nicht anders sein.« Oder lehnst du spezielles Verhalten deiner Eltern komplett ab? Warum? Und könnte dir die Antwort darauf helfen, bei deinen eigenen Kindern anders zu handeln? Und was hat dich so geprägt, dass du es unbedingt an deine Kids weitergeben möchtest? Diese vielen Fragen können dich auf die richtige Fährte bringen, wie du mit deinen Kindern eine Beziehung aufbauen willst und wie du sie am besten in ihrer Entwicklung unterstützen kannst.

SAMMLE ALLE SCHÖNEN ERINNERUNGEN EIN

Ausgehend von der Analyse deiner Kindheit haben sich vermutlich besonders schöne Erinnerungen gezeigt, die auch nicht unbedingt etwas mit Erziehung zu tun haben müssen. Das könnten Ausflüge, gemeinsame Spielnachmittage, die unkomplizierte Tante oder die Freiheit in einem nahegelegenen Wald gewesen sein. Aber auch die Geschichte, die dir deine Mutter am Abend vorgelesen hat oder die Abende, an denen deine Eltern ausgegangen sind und du mit deinen Geschwistern allein bleiben durftest. Wenn dich diese positiven Erinnerungen so beeindruckt haben, dass du sie selbst für deine Kinder übernehmen möchtest, ist das wunderbar. Gemeinsame Spielnachmittage beispielsweise fördern den Zusammenhalt in der Familie und sorgen für ein Gemeinschaftsgefühl. Die Zeit, die sich die Familie füreinander nimmt, bedeutet eine große Wertschätzung aller Familienmitglieder.

Ich kann mich erinnern, dass wir manchmal sonntags so richtig faul waren. Meine berufstätigen Eltern haben diesen Tag sehr geliebt und so haben wir einfach den Haushalt ignoriert. Es wurden keine Betten gemacht. Der Abwasch stapelte sich bis abends in der Küche. Um Geschirr zu sparen, gab es Essen aus der Dose oder von Papptellern. Und das gab es vor dem Fernseher und nicht am Esstisch. Wie habe ich diese Tage geliebt! Sie waren selten, sodass sie etwas Besonderes blieben und alles war so herrlich unkompliziert. Du kannst dir sicher denken, dass auch ich heute solche Sonntage mit meinen Kindern praktiziere. Wochentags versuche ich ebenso, Dinge liegen zu lassen, um den Alltag zu entzerren.

Wenn ich von den Verhaltensmustern früherer Elterngenerationen spreche und du das Gefühl bekommst, sie waren alle mehr oder weniger ungeeignet, um Kinder für die Zukunft zu stärken, dann ist das mitunter missverständlich. Jedes Elternpaar hatte ganz individuelle Methoden und mit Sicherheit viele positive Ansätze. Mütter konnten durchaus auch gelassen reagieren, wenn der Nachwuchs versucht hat, mit Wut etwas durchzusetzen. Oder Väter zogen ihre Kinder aus der Gefahrenzone, wenn die Mutter fast explodiert wäre. Vielleicht war deine Mutter weniger streng als dein Vater und hat den Stubenarrest vorzeitig beendet. Oder dein Vater hat dich gegen deine Mutter unterstützt, wenn du für die Dummheiten deiner kleinen Geschwister geradestehen musstest, weil du älter warst.

Diese Beispiele sind Zeichen von Alltagssituationen, in denen auf die Belange des Kindes eingegangen wurde. Sie zeigen glücklicherweise auch, dass Eltern durchaus unterschiedliche Einstellungen haben konnten. Das ist etwas Wunderbares, wie ich finde. Wenn sich ein Elternteil durch einen erhöhten Stresspegel in eine Situation manövriert hat, die für ihn nicht mehr umkehrbar ist, kann der andere Elternteil das Geschehen aus der Distanz viel besser beurteilen und eingreifen. Darüber müssen sich die Eltern natürlich vorab einig sein, ansonsten geht der Streit zusätzlich auf der Eltern-Ebene weiter.

WELCHE VERHALTENSMUSTER DEINER ELTERN MÖCHTEST DU NICHT AN DEINE KINDER WEITERGEBEN?

Durch die Analyse deiner elterlichen Erziehung hast du einen Überblick bekommen, welche Reaktionen und Erziehungsmethoden in dir ungute Gefühle ausgelöst haben. Vermutlich möchtest du davon keine einzige übernehmen und das ist völlig in Ordnung. Allerdings möchte ich dich bitten, Vorsicht walten zu lassen, denn sehr oft provozieren solche Verhaltensweisen das genaue Gegenteil. Hat dich eine sehr heftige elterliche Reaktion durch deine Kindheit begleitet und in dir Ängste ausgelöst, möchtest du diese Methode mit Sicherheit niemals einsetzen, im Gegenteil: Du wirst dich hüten, auch nur ansatzweise in diesem Bereich ähnlich zu agieren. Beispiel: Du hast einen jüngeren Bruder, einen richtigen kleinen Satansbraten. Er wird von deinen Eltern verhätschelt, weil er der Stammeshalter ist und lange auf sich warten ließ. Der kleine Giftzwerg kann mächtig austeilen und so ärgert er dich beim Aufpassen solange, bis du laut wirst und dich verteidigst. Und nun folgt, was immer folgt. Deine Mutter steht in der Tür. Dein Bruder rennt heulend zu ihr, beschwert sich über dich und du wirst angeschrien. Warum du nicht einfach mit ihm spielen kannst, der kleine Kerl hat dich doch so lieb! Warum du immer Streit anzetteln musst ... Dir klingeln die Ohren und du bist tief verletzt, weil keiner nach der Wahrheit fragt und du sowieso immer die Böse bist. Viel schlimmer als deine Mutter ist dein Vater, der dir bei solchen Szenen eine Ohrfeige verpasst ... Dass du nach dieser Erfahrung versuchst, den gleichen Fehler zu vermeiden, ist klar. In vielen Fällen gestaltet sich das Ganze aber so, dass du überhaupt nicht eingreifen wirst. Es könnte nun sein, dass sich deine Kinder noch heftiger streiten, weil du nicht Stellung beziehst. Du fragst mit Sicherheit nach der Wahrheit, hörst beiden Seiten gut zu, versuchst zu vermitteln und das Ganze irgendwo locker zu behandeln. Aber du schaffst es nicht, einfach »Stopp!« zu sagen. Laut und deutlich, aber nicht aggressiv. Damit die ständigen Kämpfe zwischen deinen Kindern minimiert werden, ganz aufhören werden sie nicht, denn sie gehören einfach dazu, solltest du klare Grenzen setzen, sodass die Kids wissen, woran sie sind.

Hinzu kommt nun noch dasjenige elterliche Verhalten, das dir in deinen Augen nicht geschadet hat und deshalb neutral beurteilt wurde. Hinter diese Kulissen solltest du jedoch genauer schauen. Stell dir vor, du wurdest bestraft, weil du dein Zimmer nicht aufgeräumt hast. Ok, logische Schlussfolgerung: Ich habe nicht gemacht, was von mir verlangt wurde und musste dafür geradestehen. Soweit so gut. War die Strafe als Konsequenz der

Nichtausführung des Aufräumens auch so kommuniziert worden? Dann passt es. Oder kam stattdessen ein Elternteil herein, sah das unordentliche Zimmer und verhängte erst daraufhin die Sanktion? Es könnte durchaus sein, dass du dich daran nicht mehr erinnern kannst, weil die Situation unbedeutend war, und schon wurde die negative Seite, die im Kindesalter noch präsent war, gelöscht. Wir sehen also eine Situation verklärter, als sie sich in der Vergangenheit darstellte. Wurdest du durch diese Maßnahme tatsächlich ordentlicher, könnte es sein, dass du eine Bestrafung wegen Nichtaufräumens übernimmst anstelle logischer Konsequenzen (siehe Exkurs auf Seite 87).

Um solche Fehler zu vermeiden, hat sich ein regelmäßiges Resümee zu deiner Interaktion mit deinen Kindern und die Rückschau in deine Kindheit bewährt. Wie oft du dir Gedanken darüber machst, was gut oder weniger gut gelaufen ist, hängt von deinen individuellen Faktoren ab. Wenn die Beziehung zu deinen Kindern meist wunderbar funktioniert, können die Abstände größer sein. Ist dagegen Highlife in euren eigenen vier Wänden, darfst du gern öfter dein Agieren als Mama oder Papa hinterfragen. Ich möchte dir an dieser Stelle jedoch raten, es damit nicht zu übertreiben. Es hilft weder dir noch deinen Kleinen, wenn du dich verrückt machst. Eine gesunde Schau auf alle Geschehnisse im Alltag reicht völlig aus.

Viele Eltern hatten und haben Schwierigkeiten mit der Gleichberechtigung von Kindern untereinander. Auch wenn sich Mamas oder Papas nicht eingestehen wollen, dass sie Unterschiede machen, so wird doch häufig differenziert. Wie sollte dies bei unterschiedlichen Anlagen und Temperamenten der eigenen Kinder auch anders gehen? Sobald eins von mehreren Kindern deutlich aus dem Idealbild des Gehorsams ausbricht, können Eltern nicht mehr objektiv sein. Die vielen angespannten Situationen zehren an den Nerven der Eltern, mögen sie auch alle Kinder gleich lieben. Und so verzweifeln manche Eltern, in früheren wie heutigen Generationen, weil ein Kind so anders ist als das andere. Sie wünschten sich, dass das rebellische Kind besser kooperiert. Während Eltern in der Vergangenheit erst recht auf dieses besondere Kind Obacht gaben und es zu erziehen versuchten, umso rebellischer wurde es oft. Denn wie Jesper Juul in seinem Buch »Aus Erziehung wird Beziehung« so treffend feststellte, werden Kinder erst dann schwierig, wenn sie den Eltern etwas mitteilen wollen. Sie sind sozusagen der Spiegel ihrer Umgebung. Sie senden Signale, dass sie mit ihrer Umwelt nicht zufrieden sind. In einer Familie, die eine wertschätzende Beziehung zu ihren Kindern aufbauen möchte, werden diese Signale hinterfragt. Für die Entwicklung der

Kleinen ist dies ein sehr wertvoller Ansatz. Die Eltern vermitteln damit, dass ihnen ihre Kinder wichtig sind und schaffen einen Hafen des Angenommenseins und des Verständnisses. Diese Sicherheit, sich seinen Eltern öffnen zu können, stärkt das Selbstbewusstsein und das Selbstwertgefühl.

Um den dänischen Psychologen noch einmal zu zitieren: »Eltern verhalten sich nur deshalb nicht liebevoll, weil sie gelernt haben, das Lieblose als konsequent und das Liebevolle als unverantwortlich zu betrachten.« Hältst du dir diese Worte vor Augen, dann verstehst du vielleicht, warum deine Eltern so gehandelt haben, wie sie handelten. Du hast es nun in der Hand, genauso weiterzumachen oder einen neuen Weg einzuschlagen, im Sinne deiner Kinder. In Sachen Gleichbehandlung zwischen den Kids kommt es dabei nicht darauf an, dass sie beispielsweise identische Kuschel- und Spielzeiten mit dir oder gleiche Geschenke bekommen. Jedes Kind tickt anders, hat einen anderen Entwicklungsstand und bedarf deshalb unterschiedlicher Zuwendungen, die du ganz individuell verteilen kannst. Du als Mama oder Papa kannst dies am besten einschätzen und dafür sorgen, dass sich deine Kids gleichermaßen respektiert, behütet und geliebt fühlen, ganz unabhängig von ihren Stärken und Schwächen.

Aber nun zurück zu den Verhaltensweisen deiner Eltern, die du nicht übernehmen möchtest. Auch hier hilft eine Liste mit Punkten. Bist du dir sicher, dass diese Methode oder diese Reaktion für dich nicht infrage kommt, dann streiche sie aus deinem Leben. Vergewissere dich aber zuvor, dass du aufgrund schlechter Erfahrungen nicht einfach das komplette Gegenteil durchziehst, sondern versuche einen guten Mittelweg zu finden. Bei unsicheren Punkten kannst du in Ruhe nachdenken und abwägen. Falls du nicht so recht weißt, wie du diesen Aspekt einordnen sollst, dann lass ihn stehen und schau in ein paar Wochen wieder drüber. Dabei kannst du Erziehungsmethoden hinterfragen, die bei dir als Kind zwar nichtgefruchtet haben, die du aber gezielt einsetzen kannst, um dir vorübergehend einen Vorteil zu verschaffen. Ich denke da beispielsweise an Aufräumaktionen, die mit einer Kleinigkeit belohnt wurden, weil sich Besuch angemeldet hat. Sinn hat diese Methode nicht gemacht, jedenfalls nicht auf Dauer. Dem Kind wurde nur beigebracht, dass es belohnt wird, wenn es sich anstrengt. Warum sollte es also aufräumen, wenn es nichts gab?

Ich möchte dir jetzt noch ein paar Punkte an die Hand geben, die in deiner Kindheit vielleicht eine Rolle gespielt haben und näher betrachtet werden sollten. Falls sie für dich nicht von Bedeutung sind, ignoriere sie einfach.

Und da diese Liste unvollständig bleibt, kannst du sie gern ergänzen.

- Strafen, die du erdulden musstest, obwohl deine Geschwister etwas angestellt haben
- Strafen, die unverhältnismäßig waren
- willkürliche Erziehung (manchmal wurde das Vergehen bestraft, manchmal nicht)
- Verhaltensmuster, die dir Angst machten
- Angst vor einem Elternteil
- kein Schutz durch die Eltern in Situation, bei denen deine Integrität missachtet wurde
- Grenzen wurden auch von deinen Eltern überschritten (z.B. Geheimnisse wurden nicht bewahrt)
- Druckmittel der Eltern (erst wenn du dieses tust, bekommst du jenes)
- Selbstbestimmungsrecht bzw. Mitspracherecht wurde dir verweigert
- selten Zuwendung und Liebe erfahren, zu wenig Kuschelzeit
- Kindersorgen wurden nicht ernst genommen
- ______________________________
- ______________________________
- ______________________________
- ______________________________
- ______________________________

ZUSAMMENFASSUNG

Blicke zurück in die eigene Kindheit, um dir vor Augen zu führen, wie du dich gefühlt hast!

Übernimm positive Herangehensweisen deiner Eltern, die dir gefallen haben!

Hinterfrage die elterliche Erziehung kritisch, um ungeeignete Verhaltensweisen zu entlarven!

Dürfen wir Dich kurz unterbrechen?

Deine Meinung als Leser ist gefragt!

Egal ob unsere Verlagsleitung, der Autor, unser Lektorat oder unsere Layouterin… oberstes Ziel jedes unserer Teammitglieder ist es, dass du von deinem Leseerlebnis begeistert bist und einen echten Mehrwert in dein Leben mitnehmen kannst.

Daher bitten wir dich herzlich um dein Feedback:

Hat dich dieser Ratgeber weitergebracht?
Was können wir verbessern?
Oder gefällt dir etwas gar nicht?
Konnte dir das Buch helfen, einige Konflikte besser zu verstehen und Lösungsstrategien zu entwickeln?

Nimm Kontakt zu uns auf und teile uns deinen persönlichen Eindruck mit.

Insbesondere falls du mit diesem Buch unzufrieden bist, bitten wir dich, uns deine ehrliche und ungeschönte Meinung mitzuteilen, damit wir uns weiterentwickeln können.

Nutze dazu unser bequemes Feedback-Formular oder schreibe eine Mail an familienglueck.verlag@gmail.com

Als Dankeschön erhältst du ein Kapitel über Selbstfürsorge und Achtsamkeit für Mamas aus unserem Ratgeber »Die Magie, eine entspannte und gute Mama zu sein« per Mail zugeschickt. Wir freuen uns auf dein Feedback und wünschen viel Spaß beim Weiterlesen!

Im Namen des Verlagsteams

Tom Bernhardt

https://forms.gle/
qRuKxZ5HBVbEcQtQ7

Feedback geben unter:
www.tinyurl.com/BuchUmfrage

4. BLICK IN DIE ZUKUNFT

WAS WÜNSCHST DU DIR FÜR DEINE KINDER?

»Das habe ich noch nie vorher versucht,
also bin ich völlig sicher, dass ich es schaffe!«

(Pippi Langstrumpf)

WAS IST IN DEINEN AUGEN EINE SCHÖNE KINDHEIT?

Nachdem du jetzt in deiner Kindheit unterwegs warst, wird es Zeit, sich mit der Gegenwart und auch der Zukunft deiner Kinder zu beschäftigen. Jede Mama und jeder Papa wünschen sich in erster Linie einfach mal das Beste. Doch was genau verstehst du darunter? Sich mit diesem Thema etwas präziser auseinanderzusetzen, hilft Eltern im Alltag. So kannst du ganz gezielt nach Ideen suchen, die dem Traum einer unbeschwerten Kindheit nahekommen.

Vielleicht denkst du wie ich zuallererst an die Bücher von Astrid Lindgren, egal, ob Pippi Langstrumpf, Madita, Lotta aus der Krachmacherstraße, Michel aus Lönneberga, die Kinder von Bullerbü und all die anderen, die in unseren Kinderzimmern zuhause waren. Das einfache Leben, die Freiheit der spielenden und sich ausprobierenden Kinder sowie der Zusammenhalt in den Familien inmitten der wundervollen Natur zeichnen eine Kindheit, die friedlich, schön und kindgerecht war. Es gab ausreichend Raum zur persönlichen Entwicklung und Entfaltung der Kinder, die durch die Sicherheit des Elternhauses gegeben war. Die Kleinen konnten aus eigenen Erfahrungen lernen, wie Lotta, die unbedingt ausziehen wollte und bei Tante Berg ein eigenes Zimmer in der Rumpelkammer auf dem Dachboden bekam. Weder Mama noch Papa verboten den Schritt des Umzugs und ließen Lotta den Freiraum, selbst herauszufinden, was für ihr Wohlbefinden gut ist. Nachdem sich das Lottaleben nicht so gestaltete, wie sie sich erhofft hatte und das Heimweh immer stärker wurde, konnte das Mädchen wieder selbst entscheiden, nach Hause zu gehen. Oder die Kinder von Bullerbü, die neben den täglichen Arbeiten nicht nur für ihre Zukunft lernen konnten, sondern in eine Gemeinschaft integriert wurden, die Regeln vorgab. Wer diese Regeln (zum Beispiel Helfen bei der Feldarbeit) einhielt, hatte alle Freiheit der Welt und konnte den restlichen Tag spielen, den Wald erkunden oder einfach nur rumsitzen und Saft trinken. Oder Madita, die manchmal sehr bockig sein konnte und dafür nicht persönlich verantwortlich gemacht wurde. Stattdessen erfanden die Eltern einen imaginären Bösewicht, der sich des Körpers von Madita bemächtigt hat, während das Mädchen solange auf dem Schornstein sitzen musste, bis er wieder fortging. War sie wieder das kleine brave Kind, verschwand der Bösewicht auf seltsame Art und Weise.

Natürlich stecken auch in anderen wunderbaren Kinderbüchern Aspekte, die eine schöne Kindheit ausmachen. Das einfache Leben im Einklang mit der Natur macht Heidi (von Johanna Spyri) in den Schweizer Bergen zu einer starken Persönlichkeit, die sogar den alten Alm-Öhi »zähmt«. Bei Momo (von Michael Ende) ist es die Zeit, die eine entscheidende Rolle spielt. Ein Kind, das die Zeiträuber aufhalten soll, die den Menschen wertvolle Zeit und damit auch ihre Lebensfreude stehlen, ist ein brillantes Thema. Schließlich haben wir Eltern oft keine Zeit oder können nur kurz eine Pause einlegen. Wie schade! Das doppelte Lottchen (von Erich Kästner) zeigt deutlich, dass verschiedene Anlagen der eigenen Kinder kein Beinbruch sind. Jedes Kind darf sich genauso entwickeln, wie es seinen Interessen und Fähigkeiten gelegen ist. Es zeigt aber auch, dass genaues Beobachten mitunter sehr wichtig sein kann. Und dann wäre da noch die reizende Mary Poppins aus dem gleichnamigen Musical-Film mit ihrer ganz eigenen Erziehungsstrategie, die den Kindern wieder Halt gibt und sie verschiedene Dinge lehrt, wie Toleranz und Empathie. Die Musik unterstreicht dabei die Leichtigkeit, die eine Kindheit ausmachen sollte, auch wenn es gerade nicht so läuft ... »Wenn ein Teelöffel Zucker bitt're Medizin versüßt ...«.

In all diesen bezaubernden Geschichten oder auch deinen ganz persönlichen Lieblingsbüchern stecken viele Dinge, die eine Kindheit bereichern können. Auch wenn nicht immer alles eins zu eins umsetzbar ist, so gibt es doch viele Ansätze, die im Alltag oder auch am Wochenende berücksichtigt werden können. Jeder hat irgendwo ein Stück Natur vor der Haustür, kann singen oder ein Radio anschalten, kann mit seinen Kindern spielen oder sie ermuntern, kreativ zu sein. Als Eltern nun noch die passende Umgebung zu schaffen, damit die Kinder in Liebe, einer friedlichen Umgebung und Geborgenheit, unterstützt durch Zuhören, Dasein, Vertrauen und

Zuversicht sowie mit Raum zur Selbstentfaltung als richtige Kinder und nicht als kleine Erwachsene aufwachsen können, bildet den Rahmen einer glücklichen Kindheit.

Im Vergleich zu früheren Generationen stehen unseren Kindern heute so viele Möglichkeiten zur freien Entfaltung und Entwicklung einer eigenen Persönlichkeit offen, dass Kinder leichter gefördert werden können. Wir sollten dabei jedoch nicht vergessen, dass eine Überlastung sehr schnell ins Gegenteil umschlagen kann und aus einer schönen Kindheit eine vollgestopfte und anstrengende Zeit werden kann. Berücksichtige auch diesen Zusammenhang, wenn du dir die Zukunft deiner Kinder ausmalst und tauche bei Bedenken in die Welt der Kinderbücher ein, um deine ganz individuelle Kindheitsidylle zu finden.

WELCHE BEZIEHUNG MÖCHTEST DU ZU DEINEN KINDERN AUFBAUEN?

Diese Frage hast du dir vermutlich schon gestellt und seit den ersten Tagen der Gewissheit, dass Familienzuwachs unterwegs ist, darüber nachgedacht. Die Beziehung während der Schwangerschaft ist in den meisten Fällen von Freude und Glück geprägt. Da der Hörsinn etwa ab der 11. Woche ausgebildet ist, können neben der Mama auch der Papa und die Geschwister mit dem Baby in Kontakt treten. Nach der Geburt kann die Beziehung durch Stillen, Kuscheln, Wiegen, Singen, Reden oder andere Tätigkeiten vertieft werden, die alle Sinne des Kleinen anregen. Durch die vielen Wiederholungen lernt das Baby seine Bezugspersonen kennen und baut ebenfalls eine Beziehung auf.

Je älter die Kids werden und je größer ihr Lebensradius wird, umso wichtiger ist die Beziehung zu den Eltern, zu ihrem Zuhause. Diese wichtige Basis ist der rettende Anker in der sich ständig verändernden Welt. Die Gestaltung der Beziehung spiegelt sich in der Art des Rettungsankers wider. Möchtest du, dass dein Kind mit allen Sorgen und Problemen zu dir kommen kann, dann solltest du von Anfang an Zeit zum aktiven Zuhören haben und die Kindersorgen ernst nehmen. Legst du auf Toleranz großen Wert, dann ist es selbstverständlich, dass du dies vorleben musst und unter Umständen deinen Sohn auch in einem Rock in die Kita bringst. Und wenn er frustriert nach Hause kommt, weil andere Kinder ihn gehänselt haben, dann braucht er dein Verständnis und die Sicherheit, dass du ihn trotzdem liebst, mit all seinen Facetten. Das wiederum bringt mich auf die Erwartungshaltung, die wir Eltern manchmal haben. Ein Kind soll um seinetwillen geliebt werden und nicht, weil es sich anständig benimmt oder schon mit drei Jahren bis 100 zählen kann. Sobald wir Eltern keine Erwartungen an unsere Kinder stellen, so können sie im Prinzip auch nichts falsch machen. Wir sind obgleich eines anderen Ergebnisses nicht mehr enttäuscht und daher tiefenentspannt – Om! Und unsere Kinder können sich ausprobieren und aus ihren Erlebnissen eigenständig Schlüsse ziehen. Sie tragen also ein Stück Verantwortung selbst, was sich im Laufe der Entwicklung positiv auswirkt. Natürlich können vor allem jüngere Kinder nicht alles selbst entscheiden. Wir müssen sie an die Hand nehmen und sanft in die richtige Richtung leiten, dennoch sind die Erfahrungen aus eigenem Antrieb der beste Lehrer.

Für eine gute Beziehung ist es zudem wichtig, sich ständig auszutauschen, den Dialog zu suchen. Das kann, muss jedoch nicht immer ein Gespräch sein. Es gibt viele Arten zu kommunizieren und vielleicht stellst du bei deinem Kind eine Methode fest, in der es sich am besten ausdrücken kann. Häufig spielen Kinder Situationen nach oder sind kleine Künstler und malen sie auf. Bleib einfach neugierig und beobachte das Geschehen. Wenn alles gut läuft, dann seid alle gemeinsam stolz darauf! Als Mama oder Papa weißt du aber auch, wann es Zeit ist, ein Problem anzusprechen. Vielleicht fühlt sich dein Kind unverstanden, weil du etwas so kommuniziert hast, dass es bei ihm falsch ankam. Möglicherweise warst du in einer Situation ungerecht. Oder es hat gegen Regeln verstoßen und fühlt sich schlecht. Egal, welches Problem zwischen euch steht, in einer guten Beziehung können solche Schwierigkeiten geklärt werden und stärken die Verbundenheit. Dabei ist wichtig, dem anderen genau zuzuhören, seine Intentionen nachzuvollziehen, sich zu entschuldigen (auch als Eltern bei den Kindern) und in Aussicht zu stellen, dass in Zukunft anders agiert wird.

Welche Aspekte in der Beziehung zu deinen Kindern für dich von Bedeutung sind, ist deine individuelle Sicht und Entscheidung. Manche Dinge werden wichtig sein, sodass du deinen Fokus darauf legen möchtest, andere sind weniger bedeutend und müssen nicht ständig verfolgt werden. Die von mir angesprochenen Aspekte einer zwischenmenschlichen Beziehung sind auch nur einige, wenige. Mir kommt es nicht auf Vollständigkeit an, sondern darauf, dich zu ermutigen, eigene Wege in der Beziehung zu deinen Kindern zu gehen und auf dein Bauchgefühl zu hören. Und wenn deine Wege anders verlaufen als bei anderen Familien oder nicht der Lösung eines Ratgebers entsprechen, dann ignoriere diese Beispiele und bleib dir treu und auf deinem richtigen Weg! Du kennst deine Kinder, ihre Eigenheiten und deine »Macken« und wie ihr aufeinander reagiert. Warum solltet ihr nicht euren eigenen Weg gehen, wenn dir deine Intuition sagt, so funktioniert es am besten?

Auch wenn wir heute von einer Beziehung zu den Kindern anstatt von ihrer Erziehung sprechen, so möchte ich an dieser Stelle dennoch einen kleinen Exkurs vornehmen und auf die verschiedenen Erziehungsstile eingehen. Du wirst sehen, welche vornehmlich in der Vergangenheit angewendet wurden und welche heute anzutreffen sind. Welcher Stil der beste ist, kann nicht abschließend beantwortet werden. Im Grunde muss jede Familie ihren eigenen Weg finden, denn nicht nur jede Familie, sondern jedes Individuum innerhalb derselben ist einzigartig und bringt seine eigenen charakterlichen Grundlagen und seine jeweilige Geschichte mit. Wichtig ist jedoch ein stetiger Dialog zwischen Eltern und Kindern. Das Kind muss spüren, dass es wertvoll ist und dass seine Integrität möglichst gewahrt wird, sonst kann keine Erziehung – und vor allem keine Beziehung! – gelingen.

EXKURS

Erziehungsstile

Grob zusammengefasst bedeutet Erziehung, jemanden möglichst so formen zu wollen, wie es einem Ideal entspricht. Dies kann ein gesellschaftliches oder auch verinnerlichtes Ideal sein – und natürlich existieren Überschneidungen. Auf Kinder bezogen bedeutet dies: Erwachsene nehmen Einfluss sowohl auf die kindliche Entwicklung als auch auf das kindliche Verhalten, und dieser Einfluss sollte für ein möglichst positives Ergebnis sorgen.

Jesper Juul hatte recht, als er feststellte, es gebe heutzutage verwirrend viele Erziehungsrichtungen:

- Der **autokratische** Erziehungsstil basiert im Prinzip auf der fast vollständigen Unterdrückung des Kindes. Dessen Meinung wird nicht erfragt, seine Gefühle werden kaum wahrgenommen. Einzig die Autorität des Erwachsenen gilt.

- Der **autoritäre** Erziehungsstil verlangt, ähnlich wie der autokratische, bedingungslose Unterwerfung und Gehorsam. Sollte das Kind eine Zuwiderhandlung begehen, wird sofort massiv bestraft, zum Teil auch mit körperlicher Gewalt. Auch hier sind Respekt und Achtung vor den Erziehenden oberstes Gebot, sodass in autoritär erziehenden Familien häufig ein angespanntes und unterkühltes Klima herrscht.

- Der **demokratische** Erziehungsstil behandelt Kinder als eigenständige Persönlichkeiten, die ihre Meinung frei äußern dürfen. Die Kinder dürfen sich innerhalb eines geschützten Rahmens an Regeln frei bewegen und ihre Gefühle und Gedanken gelten als wertvoll.

- Der **egalitäre** Erziehungsstil lässt alle Mitglieder der Familie auf Augenhöhe agieren, so dass sowohl Erwachsene als auch Kinder Entscheidungs- und Meinungsfreiheit haben – und zwar die absolut gleiche. Alle haben die gleichen Rechte und Pflichten, und wichtige Entscheidungen werden, beispielsweise innerhalb einer Familienkonferenz, gemeinsam getroffen.

- Der **permissive** Erziehungsstil lässt den Kindern große Freiräume, da die Eltern und Erziehenden sich fast vollständig zurückhalten. Das Kind muss alle Entscheidungen allein treffen und erfährt kaum Hilfe bei der Entfaltung seiner Persönlichkeit.

- Der **Laissez-Faire**-Erziehungsstil überlässt nicht nur persönliche Entscheidungen, sondern im Prinzip auch alle anderen Belange dem Kind. So stellen die Erziehenden keine Regeln auf und es gibt keinerlei Pflichten. Dieser Stil ist häufig verbunden mit einem subtilen Desinteresse für die Belange des Kindes; dennoch bringen die Erziehenden sich auf eine gewisse Art und Weise ein.

- Der **negierende** Erziehungsstil überlässt alle Belange des Kindes ihm selbst. Noch überspitzter als beim Laissez-Faire-Stil übernehmen die Eltern keinerlei Verantwortung für das Kind und stellen keine Regeln oder Grenzen auf. Auch Pflichten gibt es nicht. Dieser Erziehungsstil zeichnet sich durch vollständiges Desinteresse seitens der Eltern für ihr Kind, seine Gefühle, Erlebnisse und Belange aus.

Die obige Auflistung basiert auf der Kategorisierung von *Glen H. Elder* und ist heute in der Erziehungswissenschaft die Basis für die Erforschung der verschiedenen Erziehungsformen. Selbstverständlich handelt es sich bei den angewandten Erziehungsstilen häufig um Mischformen. Es existieren praktisch kaum Eltern, die immer autoritär, immer demokratisch oder immer permissiv sind. Zum Teil sind Erziehungsstile auch situationsbedingt.

Welchen Erziehungsstil du dir für die Beziehung zu deinen Kindern wünschst, entscheidest du selbst. Wichtig ist, dass du dich in deiner Haut genauso wohlfühlst wie deine Kinder. Und das solltest du hin und wieder reflektieren.

WAS WÜNSCHST DU DIR FÜR DEINE KINDER IM ALLTAG?

Diese Frage stellten sich seit jeher alle Eltern, wobei sich die Wahrnehmung in der heutigen Elterngeneration verändert hat. Wurden vor Jahren und Jahrzehnten die Wünsche im Sinne der Eltern verfasst, werden sie heute für die Kinder formuliert. Junge Eltern sind bestrebt, den Kleinen einen immensen Freiraum zu lassen, damit sie sich entsprechend ihrer Interessen und Fähigkeiten entwickeln können, und bieten ihnen einen Hafen der Liebe und Sicherheit. Eltern sind heute toleranter, einfühlsamer, interessierter, offener und umgänglicher. Sie arbeiten an einer Beziehung auf Augenhöhe. Und auch wenn wir immer wieder davon hören, dass Kinder heutzutage unerzogen sind und sich gar nichts mehr sagen lassen, so kommt das einerseits vom traditionellen Blick der Erziehung, die durch Strenge und Gehorsam geprägt war, und andererseits durch die Medien, die vor allem die Extremfälle herausziehen und darüber berichten. Ich finde aber, dass die heutigen Eltern stolz auf sich sein können! Du auch! Denn du gehst auf deine Kinder zu, beziehst sie in euer gemeinsames Leben mit ein und lässt den Thron der Macht links liegen.

Aber was konkret wünschst du dir jetzt für die Kindheit deiner kleinen Racker?

- Eine intakte Familie, die auf Zusammengehörigkeit und einen liebevollen Umgang miteinander setzt? Machbar!
- Eine Familie, die sich nicht streitet? Nicht machbar!
- Eine Kindheit ohne Schmerzen? Auch nicht machbar!
- Selbständigkeit für deine Kinder? Sehr unterstützenswert!
- Fehler, die deine Kinder und du machen? Klar, doch! Fehler sind zum Lernen da!
- Ein Leben mit Regeln und Grenzen? Wichtig und machbar!
- Liebe, Halt, Verständnis, Zeit, Unterstützung? Auf jeden Fall notwendig, machbar!

- Motivation, Kreativität, Bewegung, Fantasie, Spielen, Ausprobieren, Experimentieren? Immer machbar!

- Liebe und verständnisvolle Großeltern, Tanten und Onkel? Wenn sie da sind, wunderbar!

Dies sind nur ein paar Beispiele, die für dich von Bedeutung sein können. Und, wie du schon weißt, können nicht alle Gefahren und Schmerzen aus dem Leben deiner Kinder verbannt werden. Nur weil ein Kind sich unter Anwesenheit seiner Mama den Arm bricht, ist sie keine schlechte Mutter! Kinder können nur dann stark werden, wenn man sie unterstützt, wo sie Hilfe brauchen und ihnen den Freiraum zu eigenen Erfahrungen ermöglicht, wenn sie mutig genug sind.

Etwas konkreter kann die »Wunschkindheit« werden, wenn du dich an die Gestaltung des Alltags machst. Aus deiner eigenen Kindheit kannst du wunderbare Rituale sowie liebgewonnene Dinge übernehmen. Das könnten beispielsweise das gemeinsame Kuscheln und Rumalbern am Sonntagmorgen im Bett sein, die wöchentliche Lese- oder Bastelstunde oder das monatliche Picknick (das macht übrigens auch im Winter Spaß, wenn der Punsch aus der Thermoskanne von innen heraus wärmt). Gemeinsame Aktivitäten stärken dabei die Familienbande. Vielleicht wünschst du dir für deine Kinder in diesem Zusammenhang, dass sie selbst kreativ werden dürfen und Eigeninitiative ergreifen sollen. Viele Alltagssituationen erscheinen uns belanglos, doch das sind sie keinesfalls. Jedes Anziehen trainiert die Koordination bei deinem Kind. Jeder Abschiedskuss hilft loszulassen und jedes Begrüßen stärkt die Zugehörigkeit zur Familie und die Freude aufeinander. Ein schöner Reim, ein Kinderlied, ein Gebet oder eine kleine Geschichte können zum richtigen Zeitpunkt innere Stärke aufbauen. Das Waschen eines Kindes erzeugt Nähe und Wärme. Das Zudecken sorgt für Geborgenheit. In so vielen Geschehnissen stecken kleine Botschaften, die wir im Trubel des Alltags oft vergessen. Innehalten und intensiv spüren, wäre in diesen Momenten der beste Weg, um sich zu besinnen und kurz zu verschnaufen. Wie schnell sind solche Momente verstrichen, weil wir von Termin zu Termin, von einer Aufgabe zur nächsten hasten und dabei das Wesentliche immer wieder aus den Augen verlieren?

Anregung

Zusammen mit deinen Kleinen kannst du jeden Tag intensive Momente erleben. Entweder du suchst dir geeignete Zeitpunkte aus oder lässt die Kinder wählen, worauf sie heute besonders Lust haben. Und diesen Augenblick oder diese Situation genießt ihr mit allen Sinnen. Geht Hand in Hand spazieren, wobei einer die Augen schließen darf. Spüre dabei die Wärme (oder auch Kälte) der Hand, deine Bewegungen und die Sicherheit, die dir der andere gibt. Oder kämme die Haare deiner Tochter und beobachte deine fließenden Bewegungen. Lass sie wissen, wie schön es ist, sie bei dir zu haben. Oder dass du ihre wundervollen Haare liebst. Die Kleine wird dabei mit Liebe gefüttert und der Sicherheit, dass sie sich auf dich verlassen kann. Ihr könnt euch beim Abendessen mit Blicken unterhalten, was vermutlich zu einem Spaß wird. Viele weitere Möglichkeiten können euch dabei den Blick auf die Schönheit des Lebens lenken sowie für kurze Auszeiten und Pausen sorgen.

ZUSAMMENFASSUNG

Suche dir die schönsten Aspekte aus dem Idealbild einer Kindheit heraus und setze sie im Alltag um!

Bau eine Beziehung auf Augenhöhe zu deinen Kindern auf und pflege diese!

Sucht den Dialog miteinander, um Probleme lösen, aber auch miteinander Freude haben zu können!

Arbeite individuelle Wünsche für den Familienalltag heraus!

5. NIMM DEINEN ALLTAG UNTER DIE LUPE

Mama zu Marius (5 Jahre) kurz nach dem Umzug in den 3. Stock:
»Was wünscht du dir denn zu deinem Geburtstag?«
Marius: »Ein Treppenlift wäre super.«

Nun kommst du zu dem Punkt, die bisherigen Betrachtungen und deinen realen Familienalltag zu vergleichen, wobei ich mir sicher bin, dass du dies während der Bearbeitung der obigen Kapitel bereits getan hast. Da du dieses Buch in den Händen hältst, gehe ich davon aus, dass es vielleicht den ein oder anderen Konflikt zwischen dir und deinen Kindern gibt, der dir Kopfzerbrechen bereitet. Ich gehe auch davon aus, dass du die Konflikte lösen kannst und dieser Prozess nicht nur deine Kinder stärken wird, sondern auch dich! Nur Mut, auch wenn du manchmal genervt oder verzweifelt bist.

WELCHE ÜBEREINSTIMMUNGEN VON WUNSCH UND REALITäT SIND SCHON DA?

Wünsche und Träume sind dazu da, um aus der Enge des bequemen Schneckenhauses auszubrechen und Energien und Reserven zu mobilisieren, um am Ende erfolgreich zu sein. Würdest du diesem Satz zustimmen? Vielleicht. Es kommt auch auf die Art der Wünsche an, denn nicht alle werden realisierbar sein. Ein großer Teil realer Träume können jedoch erreicht werden und ziehen wunderbare Glücksmomente nach sich. Deshalb möchte ich dich anspornen, deine in Kapitel 4 gesteckten Wünsche und Ziele für eine glückliche und konstruktive Kindheit deiner kleinen Lieblinge anzupacken. Suche dir zuerst die Dinge heraus, die sich sehr leicht umsetzen lassen, wie das Spielen und Bewegen an der frischen Luft. Das kannst du eigentlich überall und immer praktizieren. Die Zeit ist knapp, der Regen prasselt wild herunter? Kein Problem. Dann geht auf den Balkon? Gibt es nicht? Dann tut es auch ein Fenster. Zieht euch alle an wie kleine Detektive und beobachtet die vorbeikommenden Leute und Fahrzeuge. Denk dir eine schöne kleine Story aus, nach wem ihr Ausschau haltet, vielleicht einem Dieb. Möglicherweise hast du auch ein Fernglas. Duckt euch immer wieder, wenn jemand zu euch heraufschaut oder gib die Losung raus, dass für jedes rote Auto ein Strich gemalt werden muss. Wenn es mehr Bewegung sein soll, könntet ihr den Balkon oder den Bereich hinter dem Fenster zum Gymnastikraum deklarieren und als Hampelmann hüpfen, Kniebeuge machen, im Kreis drehen ... Deiner Fantasie sind überhaupt nirgendwo Grenzen gesetzt. Und vergiss dabei nicht, selbst Spaß zu haben und deinen Kids zu zeigen, was du so drauf hast.

Wenn ein paar leicht umsetzbare Wünsche im Alltag integriert sind, kannst du euer Familienleben analysieren und all die Dinge benennen, die einwandfrei oder meistens funktionieren. Das sollte eine ziemlich lange Liste werden, denn selten laufen wirklich viele Dinge schief. Diese Punkte kannst du gern im Familienverbund ansprechen, denn ihr macht das alle klasse! Sehr oft bringen wir aus unserer Lebenserfahrung und auch aus unserer Kindheit mit, dass die negativen Aspekte sehr viel ausführlicher betrachtet werden als die positiven. Dabei sollte es genau andersherum laufen. Wir können stolz auf unsere erreichten Erfolge sein, sind sie auch noch so klein. Kinder tragen dieses Gefühl noch in sich und sind stolz wie Bolle, wenn sie ein 12-teiliges Puzzle geschafft haben, der Stern in die vorgestanzte Öffnung passt, die Hand mit der Schere es tatsächlich geschafft hat, einen Schnipsel abzuschneiden. Mach du einfach mit deinen persönlichen Erfolgen weiter und wenn du dich jetzt fühlst wie ein Superheld, dann kannst du gern die Dinge beleuchten, die noch etwas Anstrengung bedürfen.

WELCHE BAUSTELLEN MÜSSEN NOCH BEARBEITET WERDEN?

Möglicherweise möchtest du diese Punkte aufschreiben. Das ist gar keine schlechte Idee, denn nun kannst du beurteilen, welche Punkte wirklich ganz dringend zu bearbeiten sind und welche aufgeschoben werden können. Mitunter versteckt sich sogar ein Punkt, der seine Mühen gar nicht wert ist. Aus diesem Grund darfst du gern mehrmals auf die Liste schauen und genauestens abwägen, ob alle Probleme bearbeitet werden müssen. Ich würde dir an dieser Stelle sogar dazu raten, mutig zu sein und mindestens einen Punkt zu streichen. Falls du nach einem Viertel- oder halben Jahr feststellst, dass sich das Problem bereits von allein gelöst hat, dann hast du alles richtig gemacht und keine unnötige Zeit und Energie verschwendet. Wenn wir auf bestimmte Konflikte zu arg fokussiert sind, nehmen sie auch einen enorm großen Stellenwert ein, wobei sie diesen womöglich gar nicht verdient haben – das typische »Aus einer Fliege einen Elefanten machen«. Du wirst es von mir wahrscheinlich noch öfter lesen – aber erst einmal ruhig bleiben, durchatmen, entspannen und dann weitersehen. Bei dieser Liste könntest du sogar mindestens eine Nacht darüber schlafen.

Hast du dich dann für ein paar wichtige Punkte entschieden, so solltest du einen Stellenwert vergeben, denn nicht alle Probleme lassen sich auf einmal lösen. Und Kindern fällt es wesentlich leichter, sich zunächst auf ein Thema zu konzentrieren. Ist dieses dann erfolgreich abgeschlossen, kannst du an das nächste gehen. Bedenke dabei immer, dass ihr euch alle nicht überfordern solltet. Das gilt natürlich auch für das Ziel an sich. Nur realisierbare Ziele können in der Familie bewältigt werden. Um nicht hinterher gefrustet und heulend im Eck zu sitzen, solltest du dich mit deinem Partner und später auch mit den Kindern über die Machbarkeit austauschen. Ist das Ziel dann gesteckt, müssen alle an einem Strang ziehen und das klappt am besten durch den Dialog, in den alle Familienmitglieder entsprechend ihrer Fähigkeiten und Entwicklungsstufen einbezogen werden.

FALLBEISPIEL

Raphael soll an das Schlafen im eigenen Bett gewöhnt werden (siehe auch Abschnitt »Schlafen« auf Seite 99), Er wird vermutlich rebellieren, denn er soll seine Komfortzone verlassen. Viele Kinder brauchen die Sicherheit der Eltern, um einschlafen zu können. Doch diese Sicherheit kann auch ans Kinderbett bzw. ins Kinderzimmer getragen werden. Eine liebevolle Begleitung ist natürlich die Voraussetzung, dass die Umsetzung auch funktioniert.

- Je nach Alter kann mit wenigen Worten oder einer Bilderbuchgeschichte erklärt werden, dass er nun selbständig wird und als großes Kind in seinem eigenen Zimmer schlafen kann.

- Ein Einschlafritual kann dabei helfen, Sicherheit durch eine gewisse Konstante zu geben (vorlesen, kuscheln etc.).

- Kinder brauchen Zeit, um sich auf die neue Situation einstellen zu können, und die sollte gegeben sein.

- Ein ehrliches, spontanes Lob an der richtigen Stelle kann motivieren, am Ball oder besser im eigenen Bett zu bleiben.

- Vor dem Zubettgehen noch einmal frische Luft durch einen Spaziergang zu tanken, kann förderlich sein (gern sportlich). Die kalte Luft in Herbst und Winter machen in der warmen Wohnung müde.

- Täglich gesprochene Gebete oder Mantras überlisten den alten Trott (»Ich fühle mich geborgen und kann wunderbar in meinem Bett schlafen.«, »Ich bin schon groß und schlafe jeden Tag in meinem kuscheligen Bett.«)

Hat das Kind die Umstellung prima gemeistert, auch wenn es nachts immer wieder vor deinem Bett steht, dann kannst du dich nun an die Aufgabe machen, dieses Problem zu lösen. Wie gesagt, immer alles Schritt für Schritt und nicht den ganzen Berg auf einmal bewältigen wollen. Möchte dein Kleines die Gewöhnung an sein eigenes Zimmer jedoch überhaupt nicht mitmachen und eure Nerven liegen nach drei, vier Wochen so richtig blank, dann scheue dich nicht, dieses Problem erst einmal beiseite zu legen. Ein verbitterter Kampf hat noch keinem geholfen und manchmal brauchen die Kleinen einfach Zeit, manchmal auch die Eltern. Frag dich ruhig, ob auch du an dem Desaster schuld sein könntest, weil du deinem Kind die Umstellung nicht zutraust oder es viel lieber in deiner Nähe wissen möchtest. Und Kinder können dies durchaus spüren.

ZUSAMMENFASSUNG

Vergleiche deinen Alltag mit deinen Wünschen!

Bearbeite nur die Probleme, die wirklich bedeutsam sind!

Bearbeite ein Problem nach dem anderen!

Bleib flexibel, falls eine Problembewältigung nicht gleich funktioniert!

PRAXISTEIL

Ungeschönte Fallbeispiele aus dem Alltag.

Mit kleinen Exkursen zur Motivation.

1. DER ALLTAG IST VOLL, DIE NERVEN LIEGEN BLANK

Sophie (6 Jahre) möchte unbedingt mal nach New York reisen … zur Freizeitstatue.

Ich hoffe, du hast während des Lesens des Theorieteils nicht das Gefühl erhalten, dass in meinem Alltag und mit meinen Kindern immer alles rund gelaufen ist. Das war ein Lernprozess wie in jeder Familie. Es lief mal besser und mal schlechter. Es gibt nun einmal die Tage und Wochen, die trotz guter Planung, den besten Intentionen und ausreichend Pausen einfach nicht zu retten sind. Meist sind es kleine, unbedeutende Dinge, die das Fass zum Überlaufen bringen, denn wir alle sind Menschen, die irgendwie reagieren, sowohl die Kleinen als auch die Großen. Und wie die angespannte Luft vor einem Gewitter, die nur durch einen Druckausgleich gereinigt werden kann, so braucht es eine Entladung der angestauten Emotionen, um sich neu ordnen zu können.

Solltest du dich gerade in einer solchen Phase befinden, dann hilft erstmal nur eines – Ruhe bewahren und die Situation nicht verschärfen. Wie sagte der Dalai Lama so treffend: »Die schwierigste Zeit in unserem Leben ist die beste Gelegenheit, innere Stärke zu entwickeln.« Dazu möchte ich dich ermuntern. Also lass das Chaos Chaos sein. Und wenn sich deine Kinder gerade über die Süßigkeiten hermachen, die du verbieten wolltest und mit Schoko-Händen und Bunte-Streusel-Mund das Sofa beschmieren wollen, dann drück ihnen Sofakissen in die Hand, iss selbst ein paar von der zuckersüßen Nervennahrung und knutscht eure Kissen, was das Zeug hält. Du wirst sehen, die Anspannung verfliegt und deine Kinder haben Spaß! Und du solltest in diesem Moment auch Spaß haben, das Gefühl eines glücklichen Kindes in dir spüren und alle anderen Gedanken weit fortschieben. Was zählt, ist dieser Augenblick, in dem du der Krise trotzt, wie ein kleines bockiges Kind. Glaube mir, das fühlt sich gut an, wenn du deine Mama- oder Papa-Gedanken einmal wirklich ignorierst. Und ganz im Ernst, so ein Sofakissen wäscht die Maschine wieder sauber. Und falls nicht, dann hast du eine wunderbare Erinnerung an diesen besonderen Moment, der dich vielleicht anspornt, ab und zu aus dem gesteckten Rahmen auszubrechen. Natürlich kannst du mit dieser Methode nicht täglich deine Sorgen bearbeiten, aber hin und wieder. Hat sich die Lage beruhigt, dann kannst du dich am Abend, oder wann auch immer ein paar Minuten Zeit sind, hinsetzen, tief durchatmen und diesen Ratgeber weiterlesen. Ich kann dir schon jetzt verraten, ich habe noch ein paar unkonventionelle Tipps auf Lager und würde mich freuen, wenn ich dadurch die Leichtigkeit, die sie mir gebracht haben, auch an dich weitergeben kann.

LAND UNTER - WIE KONNTE ES SO WEIT KOMMEN?

Ja, das fragst du dich mit Sicherheit? Während der Hund deine Socken frisst, der kleine Sohnemann gerade von der älteren Schwester mit Hundefutter gemästet wird, das Baby schwankend am Sofa steht und dabei juchzend das Inlay aus einem Kissen popelt, die Kartoffeln überkochen und dein Partner vergnügt nach Hause kommt ... Du könntest schreien! Oder etwa nicht? Doch das ganze Chaos lässt sich irgendwie auflösen, immer einen Schritt nach dem anderen. In diesem Fall kam die Hilfe durch die Eingangstür.

Kommen solche Tage eher selten vor, dann brauchst du eigentlich nicht zu handeln. Wie wir schon festgestellt haben, gibt es diese Tage und auch wenn du versuchst, auszuweichen, sie kommen zu dir, als wenn du sie bei Amazon bestellt hättest. Im Abo, versteht sich. Hat sich das Lieferintervall jedoch deutlich verkürzt, dann ist das nicht einfach mehr mit einem Lächeln und Schulterzucken zu ignorieren. Nun besteht tatsächlich Handlungsbedarf. Am besten ist es, den Alltag mit seinen Ecken und Kanten zu analysieren. Auch wenn ich mich wiederhole, gibt es viele Dinge, die einwandfrei funktionieren. Du erledigst jeden Tag deine Aufgaben. Das ist ein großes Lob wert! Auch in Form einer Praline, eines Gläschen Sekts, eines Eisbechers! Und nun zum Alltag.

- Wo genau tauchen die Probleme denn auf?
- Gibt es bestimmte Muster zwischen dir und deinen Kindern?
- Kleine Reibereien, die sich aufschaukeln?
- Zeiten, die schwierig sind, wie der berüchtigte Morgen?

- Ist es ein konkretes Problem, beispielsweise das Beißen eines Kindes?
- Gibt es dieses Problem nur, wenn du agierst?
- Oder besteht es bei beiden Elternteilen, den Großeltern ebenso?
- Werden die Schwierigkeiten womöglich erst durch Außenstehende verursacht (»Bei Oma darf ich das!«, »Tante Anne sagt, dass du zu streng zu mir bist!«)?

Diese Punkte könntest du näher beleuchten, um der Ursache auf die Spur zu kommen. Frage deinen Partner oder andere Vertrauenspersonen, ob sie die Sache auch so beurteilen. Andere Blickwinkel können dem Problem ein wenig der Schwere nehmen. Vielleicht siehst nur du euren Alltag so schwarz und für deinen Partner ist er eher grau. Sind beispielsweise Oma oder Tante tatsächlich ein Auslöser, so solltest du sie mit ins Boot holen. Nur wenn alle an einer Veränderung arbeiten und auch wissen, warum sie dies tun sollen, kann sich die Lage bessern. Für ein Familienleben auf Augenhöhe ist es deshalb unabdingbar, auch die Kinder in die Ursachenforschung einzubeziehen. Je nach Alter können sie ihre Sichtweise kommunizieren und zur Problemlösung beitragen.

Hier nun ein kleines Beispiel dazu. Jeden Mittwoch holt die Oma Jette und Julian von der Kita ab und sie gehen zu ihr nach Hause. Dort duftet es lecker nach Schnitzel und Pommes. Zum Nachtisch gibt es leckeren Pudding. Die Kinder lieben das Essen: »Bei dir schmeckt es so gut, Oma, und ganz ohne Gemüse und gesund!« »Ein ordentliches Stück Fleisch hat noch nie geschadet. Greift zu, Kinder!« Am Nachmittag spielen sie alle gemeinsam, gehen spazieren und bekommen immer ein kleines Extra. Als die Kleinen dann am frühen Abend von der Mama abgeholt werden, kommt es zum Tumult: »Was habt ihr denn da um den Hals hängen?« »Eine Süßi-Kette von der Oma.« Die Kinder strahlen. Oma verteidigt sich und geht auf Konfrontation: »Bei dir kriegen die Kinder solche Sachen ja nicht. Muss immer alles so gesund sein! Dir hat ein Bonbon mehr auch nicht geschadet.« Zwischen Mutter und Oma entbrennt ein Streit, der darin gipfelt, dass die Oma Jettes und Julians Mama als unfähig darstellt, die von Erziehung keine Ahnung hätte. Und das vor den Kleinen. Was solche Diskussionen im Beisein der Kinder anrichten können, kannst du dir sicher vorstellen. Die Kleinen werden bei den Mahlzeiten daheim häufiger murren, wenn sie nichts Süßes bekommen, sich bei der Mama lautstark beschweren. Sie können sie unter Druck setzen, weil der nächste Mittwoch ganz bestimmt kommt: »Bei der Oma gibt es wieder was Leckeres und viele Süßis.« Kommt es zu anderen Konflikten, können diese dadurch verschärft werden, dass die Kinder von ihrer Oma gehört haben, dass die Mama sich gar nicht richtig um sie kümmern kann. Die Autorität der Mama wird untergraben und dadurch zwangsläufig ein Keil zwischen Mutter und Kinder getrieben. In diesem Fall ist es wichtig, das Problem mit den Kindern und mit der Oma in aller Ruhe zu klären, zunächst separat. Mamas sind einfach die täglichen Ansprechpartner der Kinder, Erziehungsberechtigte dazu und dürfen ihre Regeln selbst festlegen und dafür sorgen, dass sie eingehalten werden. Omas wiederum dürfen die Kinder auch ein bisschen mehr verwöhnen und mal etwas durchgehen lassen, sollten sich jedoch an einige grundsätzliche Vorgaben und Regeln der Eltern halten. Und Kinder müssen begreifen, dass es Unterschiede zwischen Eltern und Großeltern gibt, auch in ihren Handlungs- und Sichtweisen. Nur so kann die Beziehung innerhalb der Familie funktionieren und die Basis für ein gutes Verhältnis zwischen allen Beteiligten schaffen.

Land unter bedeutet nicht zwangsläufig zu resignieren. Es heißt aber auch, dass nach einer guten Analyse die Probleme angepackt werden müssen. Dabei helfen konkrete Ziele, ein grob geschmiedeter Plan, Intuition, ob der Weg der richtige ist und eine gute Portion Leichtigkeit, wenn nicht gleich alles reibungslos verläuft.

ERSTE HILFE - FREIE ZEIT SCHAFFEN FÜR DIE KIDS

Turbulente Zeiten sind vor allem für die Kleinen schwierig. Ihr Leben, welches noch aus Entdecken, Begreifen und Lernen besteht, benötigt Konstanten. Aus diesem Grund ist es notwendig, nicht nur in schwierigen Phasen, den Kleinen Sicherheit zu bieten. Sie brauchen eine Person, die da ist, wenn die Nase läuft, der Schnuller verschwunden ist oder das Knie aufgeschlagen ist, der Freund aus der Kita nicht mehr ihr Freund sein möchte ... Kinder möchten sich auf ihre Eltern verlassen können und dazu bedarf es einfach ausreichend Zeit. Ein entspannter Alltag oder sagen wir mal, zumindest ein gut strukturierter Alltag, der nicht zu sehr vollgestopft ist, ist ein wichtiger Grundstein. Ich weiß, dass sich das in den Ohren einer gestressten Mama irgendwie nach einer anderen Dimension anhört, und ich bestreite keineswegs, dass ich nicht auch solche Phasen hatte. Wir Eltern müssen uns da irgendwie heraus navigieren und in seichtere Gewässer fahren. Hört sich leicht an, ist für dich momentan aber undenkbar? Nur Mut, das wird schon wieder!

Anregung

Oft hilft es, einen oder mehrere Gänge herunterzuschalten. Du musst nicht perfekt sein, dein Haushalt nicht und deine Kinder auch nicht. Freie Zeit heißt schlicht, auch einmal alles liegen zu lassen. Ungebügelte T-Shirts, na und? Im Kindergarten interessiert das niemanden. Fertig-Pizza statt Reis mit Gemüse geht auch mal. Wäscheberge, die sich türmen? Lass dir am Abend oder am Wochenende von deinem Partner helfen. Kinder haben übrigens auch viel Spaß dabei, wenn zum Beispiel die vielen Sockenmonster aus dem Geschichtenreich zum Trocknen aufgehängt werden müssen. Wenn das Feststecken der Klammern noch nicht klappt, tut es auch das Herausgeben aus dem Wäschekorb. Und schon hast du Zeit gewonnen, weil du Arbeiten einsparen oder weiterreichen konntest. Die Sockenaktion hat sogar deine Kinder eingebunden und quasi Zeit geschaffen, euch miteinander zu beschäftigen. Denn möglicherweise haben die Sockenmonster verraten, was in der Kita los war, was deine Kleinen bewegt und welche Sorgen sie haben. Man kann bei solchen gemeinsamen Arbeiten auch immer wieder Spaß haben, wenn man den Fokus darauf lenkt. Die Arbeit an sich sollte nicht im Vordergrund stehen, sondern das Miteinander.

Kinder lieben es, wenn sich ihre Eltern Zeit für sie nehmen. Wie gern spielen sie mit uns, wollen uns im Memory schlagen, zeigen, wie sie eine Polizeiverfolgungsjagd simulieren können oder wie schön die Puppe angezogen wurde und nun schlummernd in ihrem Bettchen liegt. Sie wollen mit uns toben, raufen, kuscheln, lachen, singen, springen, radeln, wandern ... Auch wenn die Kleinen im Alter zwischen zwei und sechs Jahren mehr und mehr selbständig werden, so brauchen sie den Halt ihrer Eltern. Wenn sich Eltern intensiv ihren Kindern zuwenden, können Probleme leichter bewältigt werden. Die offene Art, auf die Kids zuzugehen, Verständnis zu zeigen und bei Sorgen Hilfe anzubieten, lässt sie auch in Krisensituationen leichter mit uns kommunizieren und Lösungen umsetzen. Auch wenn viele Menschen glauben, dass die heutigen Kinder einfach machen, was sie wollen und ihren Eltern auf der Nase herumtanzen, so stimmt das nicht. Alle Kinder kooperieren! Darauf gehe ich in Abschnitt »Schlafen« (Seite 99), noch genauer ein.

Um in Krisensituationen dennoch ruhig und ausgeglichen zu bleiben, helfen erprobte Rituale. Auch diese wirken wie ein Rettungsanker und geben Sicherheit. Eine weitere Konstante könnten feste Zeiten sein, die du nur für die Kinder freihältst. Und das sollen sie auch spüren. Da kann sich das Geschirr in der Küche noch so stapeln oder deine Freundin am Telefon kein Ende finden, diese Zeit ist reserviert! Die Kinder erfahren dadurch nicht nur, dass sie sich auf dich verlassen können, sondern du legst damit den Grundstein, eigene freie Zeiten einfordern zu können. Zuerst Zeit für die Kids und dann für dich allein, oder auch umgekehrt. Sollte es zu einem akuten Problem kommen, kannst du diese, ich sag jetzt frei weg, Termine mit deinen Kindern nutzen. Entscheide aus deinem Bauch heraus, ob du das Thema sofort angehen möchtest, vielleicht auch musst, oder ob du eine Nacht darüber schlafen kannst. Mit der fest eingeplanten Zeit ersparst du dir den Druck, etwas schnell lösen zu müssen. Nun hast du ausreichend Zeit und kannst relaxter an die Sache gehen.

FALLBEISPIEL

Mika (5 Jahre) hat mal wieder ins Bett gemacht. Das nervt nun schon seit Wochen, weil er nachts keine Windel tragen möchte, seine Blase jedoch nicht kontrollieren kann. (Ein Arzt sollte ausschließen, dass eine medizinische Diagnose die Ursache sein könnte! Dann wären andere Ansätze notwendig.) Jeden Morgen ist die Mama gereizt, Mika scheint das irgendwie nicht zu jucken. Am Nachmittag ist Zeit, um das Thema anzusprechen.

- Als Spiel getarnt oder auch im Gespräch kann erfragt werden, warum Mika die Windel ablehnt. Mama könnte erklären, dass es kein Problem wäre, die Windel noch ein wenig zu tragen, weil sein kleiner Körper noch ein bisschen braucht. Er hat schon so viel anderes gelernt, dass dafür noch keine Zeit war. Die Zeit kommt jedoch bald und man könnte es im nächsten Monat wieder versuchen.

- Falls Mika sich weigert, eine Windel zu tragen, kann die Verantwortung dafür ab sofort an Mika abgegeben werden. Mama kümmert sich nicht mehr darum, nur wenn er um Hilfe bittet.

- Die Konsequenzen muss Mika daraufhin selbst tragen, z.B. helfen, sein Bett abzuziehen und in die Waschmaschine zu stecken.

Wie sich diese Geschichte entwickeln wird, hängt natürlich in erster Linie vom Kind ab. Mitunter fruchten diese Maßnahmen sehr schnell, manchmal allerdings gar nicht. Um den Stresspegel zwischendurch etwas zu reduzieren, könnte die Mama die Trinkmenge am Abend begrenzen oder Mika nochmal wecken und aufs Klo setzen. Beide Methoden würden nicht dafür sorgen, dass er lernt, trocken zu werden, es schont aber Mamas Nerven. Und nach ein paar Wochen kann sie erneut versuchen, das Problem mit ihrem Kind zu bewältigen.

Anregung

Die freien Zeiten, die für deine Kinder reserviert sind, kannst du auch verwenden, um gewissen Konflikten aus dem Weg zu gehen. Besteht das Problem in den eigenen vier Wänden, helfen Ortswechsel, um die Lage zu beruhigen. Schließlich helfen entspannte Kinder ihren Eltern, entspannte Eltern helfen ihren Kindern. Sollten sich die Schwierigkeiten überall zeigen, so könntest du den Fokus verändern und etwas unternehmen, was allen Beteiligten zugutekommt. Gibt es beispielsweise Streitereien unter den Geschwistern, die momentan einfach nicht zu bändigen sind, versuche es mit Beschäftigungen, die alle Kinder mögen, Kino, Schwimmbad, Parcours, Radtour, Rollerausfahrt ... Geht es bei den Streitereien vorwiegend darum, dass alle das gleiche Spielzeug wollen, so kannst du diesen Machtkampf kurzfristig dadurch stoppen, dass jedes Kind dasselbe bekommt (natürlich im Rahmen) oder keiner von beiden. Ich möchte noch einmal betonen, dass diese Methode sich nur für kurze Zeit eignet. Auf Dauer musst du selbstverständlich an der Ursache arbeiten. Es geht eigentlich nur darum, durchatmen zu können und das Verhältnis zwischen allen Familienmitgliedern ein wenig zu beruhigen.

Wie bereits im vorherigen Abschnitt angedeutet wurde, sind entspannte Eltern gleichermaßen wichtig für einen weitgehend harmonischen Familienalltag. Und deshalb kann ich es nicht genug betonen, dass Auszeiten und Pausen eine wichtige Basis für gelassene Eltern sind. Im Laufe eines Tages finden sich immer wieder Zeiten für kleine Verschnaufpausen. Lass sie nicht einfach so verstreichen, sondern versuche, die ein oder andere intensiv zu nutzen. Bereits im Kapitel »Krisen & voller Alltag«, ab Seite 23, habe ich eine Anleitung zum Wegbeamen in andere Gefilde aufgezeichnet. Du könntest auch kurz innehalten und eine Affirmation vor dich hinmurmeln:
»Ich bin ruhig und entspannt.«,
»Ich reagiere in jeder Situation gelassen.«

Die in aller Ruhe genossene Tasse Kaffee oder das, gern auch alkoholfreie, Feierabend-Bier (Hopfen beruhigt!) helfen beim Entspannen sowieso, erst recht, wenn der eigentlichen Routine besondere Beachtung geschenkt wird.

Zusätzlich sollten in regelmäßigem Abstand auch größere Pausen drin sein, sei es dein Lauftraining, ein Nachmittag auf der Shopping-Meile, ein romantisches Date mit deinem Partner, die Lesestunde (vielleicht in einer Bibliothek) oder auch das ganz gemütliche Rumlungern auf dem eigenen Sofa. Am besten ist es natürlich, die Kids dazu bei deinen Vertrauenspersonen unterzubringen. Oma, Opa, Tante, Onkel oder jemand aus dem Freundeskreis freuen sich wahrscheinlich über eine Abwechslung und auch dein Partner unternimmt sicher gern etwas mit deinen Kleinen. Ältere Kinder verbringen dann schon bei ihren Freunden einen Nachmittag, den du für deine Bedürfnisse verwenden kannst. Du siehst, es gibt immer Möglichkeiten, sich die Zeit ein wenig freizuschaufeln. Du musst es nur tun! Viele Mamas sehen solche freien Zeiten als Möglichkeit, andere Dinge zu erledigen und das muss natürlich auch oft sein. Das sollte nur nicht zur Gewohnheit werden. Wenn du dir regelmäßig frei nimmst und etwas für dich tust, wirst du dir als Mensch wieder wichtig! Du hast dann die Zeit, auf deine ganz individuellen Bedürfnisse einzugehen und diese zu befriedigen, was summa summarum allen Familienmitgliedern zugutekommt. Bedenke in deinem Alltag stets, dass du nicht nur funktionieren musst, sondern ein Individuum bist, welches die gleichen Rechte hat, wie alle anderen. Du schenkst deinen Kindern viel Aufmerksamkeit und bist für sie da, aber genauso musst du auch für dich selbst da sein.

Zu deinen persönlichen Auszeiten kommen nun auch Freiräume für dich und deinen Partner hinzu, denn eure Beziehung hat mindestens den gleichen Stellenwert wie der des Nachwuchses. Du hast bestimmt auch schon gehört, dass sich Paare mit Einzug der Kinder voneinander entfernen, weil zuerst die lieben Kleinen kommen und dann lange nichts. Da dieser Fehler allgemein bekannt ist, lässt er sich auch leicht vermeiden. Solltet ihr im Trubel des Alltags untergehen, bedarf es auch an dieser Stelle konkret festgelegter Zeiten für eure Zweisamkeit. Dabei können das leicht auch gemeinsame Arbeiten und Projekte sein. Ein zusammen aufgebautes Hochbett, die Anlage oder Neugestaltung von Garten, Terrasse oder Balkon sowie das Tapezieren oder Streichen des eigenen Schlafzimmers verbinden einander und belohnen nach der Fertigstellung mit Glücksgefühlen. Gemeinsame Unternehmungen oder auch »nur« der Kuschelabend auf dem Sofa stärken die Bindung zwischen den Partnern und sorgen damit für eine entspannte Elternebene.

REGELWERK – GEMEINSAM EINE FAMILIENORDNUNG ERARBEITEN

Um dem Alltag einer Familie einen konstanten Rahmen geben zu können, in dem sich alle Mitglieder frei bewegen können, haben sich seit jeher sinnvolle und machbare Regeln angeboten. Die Kunst für dich besteht darin, Regeln aufzustellen, die auch die Kleinsten einhalten können. Schließlich müssen Kinder erst lernen, wie ein gesundes Miteinander funktionieren kann. Sie müssen lernen, sich in bestimmten Bereichen einzufügen, wie es die Erwachsenen tun. Aus diesem Grund sollten Eltern gute Vorbilder sein (Kinder lernen durch Nachahmen) und sich selbst an Regeln halten. Auch ein Ritual kann in diesem Fall eine Regel darstellen und für Kontinuität sorgen. Ich würde sogar so weit gehen und ein Ritual als besonders schöne Regel bezeichnen. Sobald du ein lieb gewonnenes Ritual bei deinen Kindern als Regel darstellst, wird sich die Sichtweise gegenüber jeglichen Regeln ändern. Die Kinder können nun zwischen schönen und weniger schönen, aber notwendigen Regeln unterscheiden und lernen dabei, dass beide zum Leben dazu gehören. Falls du diese Idee genauso gut findest wie ich, kannst du sie gerne auch in dein Leben integrieren. Das Negative der vielen lästigen Pflichten im Haushalt verblasst beispielsweise ein wenig, wenn die Arbeiten, die dir leicht von der Hand gehen und die du gern ausführst, den gleichen Stellenwert erhalten.

Natürlich sind Regeln im Familienalltag nicht zum Ärgern der anderen vorgesehen, vielmehr sollen sie den Jüngsten Gewohnheit und damit auch Sicherheit schenken. Immer wiederkehrende Abläufe werden gespeichert und können praktisch, ohne nachzudenken, abgerufen werden. Wenn nun dein Kind mit halb geöffneten Augen und etwas schwankend das Badezimmer betritt, vom hellen Schein der Lampe getroffen wird (»Himmel, es ist noch dunkel! Um diese Uhrzeit aufstehen zu müssen, grenzt an Folter ...«), zieht es sich trotzdem die Hose herunter, setzt sich aufs Klo und trifft die Schüssel irgendwie. Diese sogenannte Routine ähnelt einer Regel. Sie ist fest verankert, muss nicht jeden Tag aufs Neue besprochen werden und wird auch in Stresssituationen ausgeführt. Und genau so sollten auch Regeln funktionieren.

Wenn Eltern nun ein Regelwerk aufstellen, dann können sie davon ausgehen, dass die Kleinen irgendwann bewusst austesten, ob diese tatsächlich eingehalten werden müssen. Es kann nur ratsam sein, von Anfang an konsequent an den Regeln festzuhalten und bei Regelverstößen mit vorab kommunizierten Konsequenzen zu antworten. Haben die Kinder erst einmal verstanden, dass Grenzen nicht einfach überschritten werden können, hilft das ihrer Orientierung in einer Gemeinschaft und bietet Halt. Kinder, die sich nicht in irgendeiner Weise anpassen müssen, testen solange, bis sie endlich auf Widerstand stoßen. Sie müssen sich entwicklungsbedingt einfach an ihrer Umwelt reiben, um daraus lernen zu können. Wenn dieser Entwicklungsrahmen schon im Baby- und Kleinkindalter innerhalb der Familie zur Verfügung gestellt wird und so aufgebaut ist, dass nicht regelkonformes Handeln Auswirkungen hat, ist die Grundlage für eine gesunde Entwicklung geschaffen worden.

So weit, so gut. Wie könnte nun ein solches Regelwerk aussehen? Zuerst gibt es allgemeine Handlungsabläufe, die Kinder einfach so lernen, vom Abschauen und Nachahmen. Viele kleine Regeln sind dort bereits integriert, wie das Händewaschen vor dem Essen, und müssen natürlich nicht extra eingeführt werden. Weigert sich hingegen das Kind trotz guter Vorbilder, dann sollte das Händewaschen eine Regel werden. Im Kleinkindalter lassen sich solche Dinge sehr gut mit Bilderbüchern oder Geschichten erklären. Du könntest ebenso mit den menschlichen Sinnen arbeiten und das Kind an seinen dreckigen Fingern riechen oder schmecken lassen. Selbst bei reichlich Sandkörnern an den Händen wäre diese Methode nicht gesundheitsschädigend, würde aber einen großen Lerneffekt haben. Es ist in jedem Fall wichtig, die Regeln mit den Kindern aufzustellen und entsprechend ihrem

Alter eine gewisse Anzahl nicht zu überschreiten. Auch hier gilt, eine nach der anderen, um die Kleinen nicht zu überfordern. Wenn es um die Regelverstöße geht, können Kinder die Konsequenzen durchaus mitbestimmen. Sie übernehmen dabei ein Stück Verantwortung, erst recht, wenn sie die Regel selbst missachtet haben. Ich kann mich erinnern, dass ich als 7-jähriges Kind partout nicht aufräumen wollte. Meine Mutter drohte mit der Konsequenz, ich würde eine Woche Stubenarrest erhalten. Mir machte das zu diesem Punkt rein gar nichts aus. Also gab es auch kein aufgeräumtes Zimmer. Nach zwei Tagen beschloss ich von selbst, das Chaos zu beseitigen. Froh über diesen Sinneswandel wurde der Stubenarrest sofort aufgehoben. Ich jedoch habe rundum auf die Einhaltung der »Strafe« bestanden und diese durchgezogen. Ich bekam also die volle Verantwortung übertragen und habe diese ernst genommen.

Die lieben Kleinen sollten demzufolge von Anfang an in die Mitbestimmung aller Entscheidungen, die sie betreffen und die sie abhängig von ihrem Alter auch erfassen können, einbezogen werden. Das heißt natürlich, dass sie in Vorhaben, deren Tragweite sie nicht annähernd begreifen können, kein Mitspracherecht haben. Hier sind ausschließlich die Eltern zuständig. Aber alles, was sie bereits mittragen können, sollten die Kids mitbestimmen dürfen. Nun könntest du einwenden, dass es am Ende zu einem totalen Chaos in der Familie kommen kann, wenn die Kinder, eventuell in der Mehrheit, gegen den Elternwillen entscheiden. Aber du und dein Partner haben es doch in der Hand! Gemeinsam könnt ihr festlegen, welches Ergebnis ihr euch von der jeweiligen Regel erwartet und dass sie entsprechend ihrem Sinn, eine positive Wirkung haben muss, ansonsten wird sie nicht eingeführt. Möchtet ihr zum Beispiel einen »gesunden« Tag in der Woche als neue Regel einsetzen, dann fallen an diesem konkreten Tag alle Süßigkeiten weg. Es gibt weder Kakao noch ein Eis, keine Bonbons, Kekse und was ihr sonst noch so darunter versteht. Sollten sich die pfiffigen Kerlchen eine kleine Schatztruhe, extra für diesen Verbots-Tag zulegen, und du erwischst sie dabei, drohen Konsequenzen (vorher verabredet). Oder die Kinder möchten einen Fernsehnachmittag einführen. Du lehnst zunächst kategorisch ab. Aber warum? Dieser Nachmittag muss nicht zwangsläufig ein Nachmittag sein und mehrere Stunden umfassen, die Sendung/en könntet ihr gemeinsam aussuchen und die Uhrzeit sollte so terminiert werden, dass alle Familienmitglieder zuhause sind. Nun stell dir vor, es ist Sonntagmittag, deine Kinder, dein Partner und du sitzen gemütlich auf dem Sofa und schauen die Sendung mit der Maus. Für mich ist dies Familienidylle pur, auch mit Fernsehen. Nun lass uns schauen, was du damit erreicht hättest. Die Idee der Kinder wurde umgesetzt, aber unter Berücksichtigung der elterlichen Vorgaben. Die Kleinen fühlen sich wertgeschätzt. Ihre Bedürfnisse und Meinungen zählen in diesem Zuhause etwas! Sie haben kooperiert, indem sie eure Punkte der Regel akzeptiert haben. Ihr habt ihnen die Chance gegeben, eigene Ideen einzubringen. Ihr habt sie ernst genommen und im Rahmen der Möglichkeiten agiert. Der Dialog zwischen allen Familienmitgliedern hat wunderbar funktioniert und aus einzelnen Personen wurde eine Einheit. Zu guter Letzt wird nun jeder, oder zumindest fast jeder, Sonntagmittag zum Familientreffpunkt, auf den sich alle freuen können.

Anregung

Nicht alle Kinder reagieren gleichermaßen auf die Aufstellung und Einhaltung von Regeln. Mitunter kommt es auf die Regel an sich an, denn, während seinen Teller nach dem Essen in die Küche zu tragen, noch eine leichte und schnelle Aufgabe ist, kann das leidige Zimmerchaos-in-Schach-halten schon etwas länger dauern. Genau die unwillkommenen Regeln können bei den Kleinen für Unmut sorgen, wobei der kleine Sturkopf (Choleriker) am meisten rebellieren wird. Um diesem und auch den anderen Kindern entgegenzukommen, könntest du eine besondere, beispielsweise lustige Regel festlegen. Wie wäre es denn mit einem Sonntagvormittag im Schlafanzug oder besonders schräger Klamottenkombinationen, die Eltern und Kinder tauschen für zwei Stunden ihre Rollen, die Treppe wird einmal im Monat mit dem Popo geputzt, montags ist eine Horde Wildtiere zu Besuch ... Sei gern ein wenig kreativ und, wenn dir das nicht unbedingt liegt, so haben deine Kinder bestimmt einfallsreiche Ideen. Manche Kinder, wie der Wirbelwind, brauchen für die Umsetzung der Regeln kleine Erinnerungen, weil sie mit dem Kopf einfach zu schnell weiterziehen. Hier können Bilder helfen, die an einem zentralen Ort angebracht werden und veranschaulichen, was momentan wichtig ist. Ab und zu solltet ihr auch ein Resümee ziehen und schauen, was alles wunderbar klappt. Ein kleines Lob an dieser Stelle kann die Kleinen motivieren weiterzumachen. Das könnte auch ein Smiley am dazugehörigen Bild sein.

Grenzerfahrungen meistern

Während eine Regel im Prinzip auch eine Grenze darstellt, die nicht überschritten bzw. innerhalb derer agiert werden sollte, umfasst der Begriff der Grenze noch mehr. Man hat bei diesem Wort einen Schlagbaum vor Augen, eine Mauer oder einen Zaun, sodass man eingeschüchtert wirken könnte. Bei Eltern sollten deshalb die Grenzen nicht nur negativ belegt werden, sondern auch die Möglichkeit zur Überwindung dieser aufgezeigt und der Einsatz zum Schutz der Kinder ins Blickfeld gerückt werden. Von Bedeutung dabei ist, den Unterschied eindeutig zu beleuchten. Die erste wichtige Grenze eines Kindes sind sein Körper, sein Geist und seine Seele. Die Kleinen sollten erfahren, dass sie über diese Grenze ganz allein entscheiden dürfen. Wir als Eltern müssen die Integrität unserer Lieblinge wahren und auch vor anderen Menschen schützen. Das heißt ganz konkret, dass das Nein eines Kindes, wenn es um seinen Körper geht, auch ein Nein bleibt. Vor allem die ältere Generation hat damit so seine Probleme, denn meist ist es ja nur ein harmloser Kuss. Und auch psychische Grenzüberschreitungen sind ein absolutes No-Go. Worte können Kinder sehr verletzen und kränken. Wurde in früheren Generationen jeder kleine Fehler der Kinder sofort korrigiert und als Fehlverhalten kommuniziert, versuchen Eltern heute diesem Problem anders zu begegnen: »Vielleicht solltest du es mal so probieren« oder »Ich zeige dir mal, wie es auch gehen könnte.« Sie unterstützen ihre Kinder in der Entwicklung und motivieren sie, verschiedene Wege zu testen. Immer wiederkehrende psychische Grenzüberschreitungen können bei einem Kind negative Glaubenssätze manifestieren, die sie ein Leben lang mit sich herumtragen müssen, falls es ihnen nicht gelingt, sie wieder zu löschen. Vielleicht erinnerst du dich an das Beispiel mit dem Hosenknopf auf Seite 26. Aus diesem Grund ist es unerlässlich, seinen Sprösslingen beizubringen, dass sie sich wehren dürfen, wenn ihre Integrität verletzt wird. Eine klar, laut und deutlich formulierte Aussage, und sei es das schlichte, aber wirkungsvolle »Nein«, kann dein Kind schützen. Unterstütze es dabei, ein gesundes Selbstbewusstsein zu entwickeln. Aber auch Kinder sollten die Grenzen anderer Menschen anerkennen und respektieren. Das können sie wunderbar im Elternhaus lernen, wenn sie dahingehend Anleitung und Hilfe erfahren.

Dass bei allen Grenzen Grenzerfahrungen und Grenzübertritte für die kindliche Entwicklung notwendige Schritte sind, ist völlig klar. Es geht den Kleinen mit sich selbst auch so. Sie sind mutig, probieren etwas Neues aus und überschreiten die bis dahin machbare Grenze. Nun können sie einerseits mit

Selbstvertrauen aus der Situation hervorgehen, wenn die Grenze überschritten wurde, oder andererseits daran scheitern. Entweder sie versuchen es danach erneut, finden einen anderen Weg oder lassen es lieber bleiben, wenn die Konsequenz nicht erfreulich war (Hat Mama nicht gerade gesagt, wenn du die Hände nicht von dem Topf lässt, kann es wehtun?). Die Kleinen bei diesen Schritten zu begleiten und zu stärken, ist eine Selbstverständlichkeit. Auch wenn du selbst mit Unsicherheit und Sorge um dein Kind bestückt bist, so solltest du deinem Kind etwas zutrauen. Im Grunde kennen sie ihre Fähigkeiten selbst und testen sie nur so weit aus, wie sie es für machbar halten. So wie dein Kleines eine Grenze überschreitet, solltest du auch mutig sein und deine ängstliche Grenze immer ein Stück in Richtung Zuversicht schieben. Und wenn dein kleiner Liebling doch einmal gescheitert ist, dann kannst du ihn trösten, sein Seelenheil wiederherstellen und anspornen, es weiter zu versuchen. Auf alle Grenzen, die Schmerzen verursachen, solltest du hinweisen und die Konsequenzen ausmalen. Wenn dein kleiner Wirbelwind oder Sturkopf es dennoch probiert, lernt er aus seiner Erfahrung. Grenzüberschreitungen, bei denen ernsthafte Gefahren lauern, sind davon selbstverständlich ausgenommen.

Zu guter Letzt machen auch wir als Eltern viele Grenzerfahrungen mit unseren Kleinsten. Wir sind quasi das Versuchslabor, um die kindliche Entwicklung voranzutreiben. Deshalb solltest du bei manchem Wutausbruch, der einer Grenzsetzung folgt, auch mal labortechnisch vorgehen. Analysiere alle Faktoren und ziehe logische Schlussfolgerungen. In vielen Fällen kannst du beobachten, dass dein Kleines wirklich clever ist. Mich bringt das jedes Mal zum Schmunzeln, denn Kinder sind wirklich genial, stecken voller Ideen und arbeiten beharrlich auf ein Ziel hin. Bei diesem Enthusiasmus und Eifer bin ich schon manches Mal fast schwach geworden und hätte die Grenze aufgehoben, nur um zu sehen, was passiert. Unsere elterlichen Grenzerfahrungen sind also nichts, was einen prinzipiell auf die Palme bringen sollte, sondern durchaus einen zweiten Blick wert. Mit dieser Einstellung lassen sich manche Wutausbrüche ganz gut hinnehmen. Erstmal Situation annehmen, genauer hinsehen, eventuell schmunzeln und dann gelassen agieren. Reagierst du relativ entspannt und machst keine große Sache aus der Wutreaktion, kann es passieren, dass dein Kind den Spaß daran verliert. »Warum soll ich mich anstrengen, wenn Mama gar nicht schimpft und schreit?«

ZUSAMMENFASSUNG

Finde heraus, was falsch läuft, was die Ursache sein und wie die Lösung aussehen könnte!

Nimm dir Zeit für deine Kinder, um einerseits für lebensfrohe Stunden sorgen und andererseits Probleme besprechen zu können!

Nimm dir Zeit für dich und deinen Partner, um neue Kräfte tanken und für euer Wohlbefinden etwas tun zu können!

Nutze sinnvolle und umsetzbare Regeln, um den Kindern Struktur zu bieten!

Lass die Kinder am Regelwerk mitarbeiten!

Grenzerfahrungen gehören zum Leben, die du liebevoll oder mit liebevoller Strenge begleiten solltest!

Stärke dein Kind, damit es lernen kann, seine Grenzen zu verteidigen!

2. DER WAHRHEIT INS AUGE SEHEN

KONKRETE PROBLEME ANGEHEN

Vielleicht schwirrt dir schon der Kopf ob der vielen theoretischen Erkenntnisse, die du womöglich schon in Teilen kanntest oder auch gänzlich neu waren. Dann würde ich sagen, wir steigen jetzt in die praktischen Möglichkeiten und Fallbeispiele ein. Natürlich kann ich deine Familie hier nicht hundertprozentig abbilden. Du findest möglicherweise dennoch den ein oder anderen Ansatzpunkt, der zusammen mit deinem Bauchgefühl für eine gute Lösung in deiner Familie sorgen kann.

ORDNUNG

»Warum liegt alles auf dem Boden?«

»Schwerkraft, Mama!«

Das Thema Ordnung begleitet uns ein Leben lang und es soll dabei durchaus Extreme geben. Die einen können nur im Chaos überleben. Brauchst du ein spezifisches Teil, etwa das Schreiben von der Stromgesellschaft, so hebt der Chaot den Berg an Schriftstücken genau an der richtigen Stelle hoch und Abrakadabra ist das Blatt da. Irgendwie erstaunlich! Und dann gibt es die besonders Ordnungsliebenden, die sogar das Besteck in der Schublade an einer Kante exakt ausrichten. Auch sonderbar, aber ebenso liebenswürdig. In welchem Bereich dein Ordnungsfimmel steckt, weißt nur du und er ist für dich genau dort, wo er hingehört und dein Wohlbefinden unterstützt. Deine Kinder werden nicht unbedingt mit derselben Ordnungsliebe ausgestattet sein und deshalb sind Reibereien unvermeidbar. Vor allem die strikten Aufräumer könnten mit ihren Kleinen Schwierigkeiten bekommen. Sie werden entweder konsequent Regeln durchsetzen oder ab und zu ein Auge zudrücken müssen, damit dieses Thema nicht zum absoluten Streitpunkt ausartet. Dabei gibt es viele Möglichkeiten, sich der gewünschten Ordnung anzunähern. Das erste Motto lautet: »Weniger ist mehr!« Nicht nur, dass sich Kinder leichter entscheiden können, was aus den vielen Spielsachen heute am besten geeignet wäre, sondern auch das Aufräumen wird leichter. Regelmäßiges Ausmisten von kaputtem oder nicht mehr altersgerechten Spielsachen ist ein weiterer Punkt. Bunte Kisten, die vielleicht sogar selbst gebastelt, verschönert oder mit Mamas oder Papas Hilfe gezimmert oder genäht wurden, bringen Struktur in die Sache. Es gibt zudem kleine »Ordnungshelfer« in Form von Büchern oder Kinderserien. Manchmal hilft den Kleinen eine Schlamperecke, die nicht zu groß sein sollte. Hier darf dann aber auch alles wild herumliegen. Und dann solltest du nicht vergessen, dass auch Nachahmen die Form von Ordnung bestimmt. Bleiben bei dir alle Bücher, Zeitschriften oder Kataloge einfach irgendwo liegen, dann kannst du deinem Kind nur schwer begreiflich machen, dass es ordentlich sein muss.

Wenn das Maß aber tatsächlich randvoll ist, die Legosteine regelmäßig für Schrammen an den Füßen sorgen, das Auto dich quer durchs Zimmer hat fliegen lassen oder die Puppen völlig eingestaubt sind, dann besteht Handlungsbedarf. Dem kleinen Philosophen erklärt man am besten die Notwendigkeit des Aufräumens und vermeidet Ermahnungen. Wenn du es schaffst, dieses ruhige Kind aus seiner Gedankenwelt zu reißen und ein schön aufgeräumtes Zimmer als wunderbares Ergebnis zu vermitteln, wird es diese Aufgabe durchaus regelmäßig übernehmen. Beim kleinen Yogi ist einfach Geduld gefragt. Nur nicht hetzen. Der Wirbelwind dagegen hat zu viel Energie, die er in alles Mögliche steckt, nur nicht ins Aufräumen. Er lässt sich viel zu leicht ablenken, denn wenn er beim Ordnung Schaffen die lange vermisste Schachtel findet, die eigentlich beklebt und zu einem Schrank umfunktioniert werden sollte, dann wird diese Arbeit definitiv zuerst erledigt. Dieses Kind musst du durch eine gezielte Anleitung unterstützen und am besten dabeibleiben. Hier gilt, lieber öfter und nur wenig aufräumen als am Abend alles. Das kann nur in Konflikten enden. Der Sturkopf kann aus dieser Aktion schnell einen Kampf machen. Am besten kriegst du ihn, wenn du seine Energie nutzt. Vielleicht muss sich der kleine »Aufräum-Löwe« erst kräftig ausbrüllen und seine Umwelt wissen lassen, dass er als Löwe der beste Aufräumer aller Zeiten ist. Mach einfach ein Spiel draus und ahme mit ihm zusammen die Gebärden des Löwen nach: »Dieses Auto hat Angst vor mir, weil ich der Löwe bin! Darum bin ich großherzig und räume es weit fort.« Oder er ist ein großer Elefant, der laut durchs Zimmer stampft und lieber alle Teile vom Boden räumt, bevor er wieder besonders fest auf den Boden trampelt. Natürlich können es auch andere Tiere oder Dinge sein, wie die Aufräum-Rakete, das Spielzeugeinsammel-Auto, das sehr oft laut hupt. Deiner Fantasie sind dabei keine Grenzen gesetzt und der deines Kindes natürlich auch nicht.

Bevor ich auf ein Fallbeispiel komme, möchte ich noch einen kleinen Exkurs dazwischenschieben. Wenn Aufräumen angesagt ist, versuchen viele Kinder diese Aufgabe irgendwie zu umgehen. Wenn du nun konsequent bleiben möchtest, drohe keine Strafen an, sondern zeige deinem Kind sich daraus ergebende Konsequenzen auf. Wenn es innerhalb einer machbaren Zeit in seinem Zimmer nicht alle Spielzeuge an die vorgesehenen Plätze geräumt hat, kommen alle übrig gebliebenen Teile für eine gewisse Dauer (ein Tag, drei Tage etc.) in eine Kiste und werden fortgeräumt. Das Kind kann danach nur mit den Dingen spielen, die an seinen Platz gelegt wurden. Weigert es sich völlig und die Mutter oder der Vater ziehen diese Konsequenz auch durch, wird das Kind nur noch mit dem spielen können, was sich nicht auf dem Boden befand und das Lieblingsspielzeug ist mit Sicherheit in der Kiste gelandet.

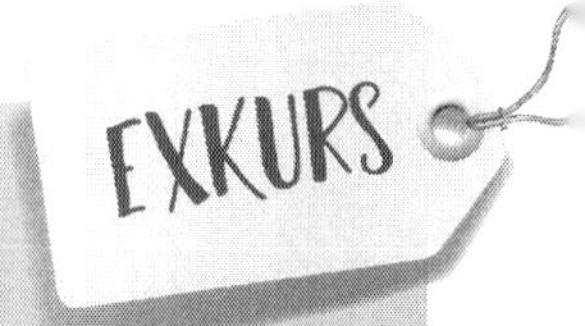

Strafen vs. Konsequenzen

Wenn du dich an solch ein Beispiel aus deiner Kindheit erinnerst, hast du vielleicht noch folgenden Satz in den Ohren: »Wenn du nicht dein Zimmer aufräumst, dann lese ich dir nachher nichts vor!« Der Unterschied zwischen dieser Handlungsweise und der oben beschriebenen Konsequenz ist eindeutig. Während der Satz »Wenn ..., dann ...« eine unterschwellige Drohung sowie eine Erpressung beinhaltet, ist die Konsequenz tatsächlich eine logische Konsequenz. Es gilt also, den Unterschied zwischen Strafe und Konsequenz eindeutig herauszuarbeiten. »Wenn du nicht dein Zimmer aufräumst, lese ich dir nachher nichts vor!« beinhaltet keine Konsequenz, denn wenn das Kind das Zimmer nicht aufräumt, ist dieses einfach unordentlich. Das Vorlesen hat rein gar nichts mit dem chaotischen Zustand des Kinderzimmers zu tun. Solche Sätze verletzen die Integrität unserer Kinder, weil sie nichts anderes sind als eine reine Machtdemonstration: Ich herrsche hier und entscheide, dass ich nicht vorlesen werde, bis dein Zimmer aufgeräumt ist. Man könnte die Konsequenz einer Kiste für nicht aufgeräumtes Spielzeug auch als »Wenn ..., dann ...«-Satz formulieren. Hierbei handelt es sich keineswegs um eine Drohung, sondern eher um eine gut gemeinte Warnung: »Ich möchte nicht, dass du traurig bist, wenn du deine Spielsachen nicht mehr benutzen kannst, daher sage ich dir, was passieren könnte.« Wir als Eltern sollten uns daher gut überlegen, auf welche Art wir mit unseren Kindern kommunizieren möchten.

Vor allem in Stresssituationen verfällt man schnell in alte Verhaltensmuster und verwechselt in der Hektik Strafe und Konsequenz. Sich dieses Muster vor Augen zu führen, kann bei der nächsten akuten Lage helfen, den besseren Weg einzuschlagen. Wenn dein Kind dir fest auf den Arm schlägt, ist die logische Konsequenz, dass dir der Arm wehtut. Es ist hingegen keine logische Konsequenz des Schlages, dass du dein Kind »zum Nachdenken auf sein Zimmer schickst«. So verfallen die Eltern manches Mal in eine autoritäre Erziehungsrichtung, ohne sich dessen bewusst zu sein. Natürlich kann die Sache nicht einfach so stehen gelassen werden. Schließlich handelt es sich um eine Grenzüberschreitung des Kindes gegen die Eltern.

Wie du dieses Problem in den Griff kriegen könntest, erfährst du im Abschnitt »Aggression«, auf 146.

Ein weiteres Beispiel verdeutlicht die Konsequenz anstelle der Strafe ebenfalls. Die dreijährige Nele hampelt beim Abendbrot herum. Mama und Papa sind genervt und ermahnen sie, still zu sitzen. Sie zappelt jedoch weiter und trifft letzten Endes ihr Milchglas, das umkippt. Die Milch ergießt sich über ihre Kleidung und den Boden. Während Mama ein Handtuch holt, schnauzt Papa genervt: »So, Nele, das reicht! Du kriegst keinen Nachtisch!« Dass Nele der Nachtisch gestrichen wird, ist mitnichten die Konsequenz aus ihrem Verhalten. Denn wenn sie am Abendbrottisch herumzappelt, verschwindet ja nicht wie von Zauberhand die Schokolade aus dem Küchenschrank. Die logische Konsequenz aus Neles Verhalten ist schlicht und ergreifend das Umkippen des Milchglases. Nun ist es leer und die Milch kann nicht mehr getrunken werden. Der Nachschub bleibt also aus.

Fassen wir kurz zusammen: eine Konsequenz ist keine Strafe, sondern nur die logische Schlussfolgerung, aus der Kinder wunderbar lernen können. Ist nicht aufgeräumt, füllt Mama die Kiste mit dem Spielzeug und stellt sie unerreichbar weg. Wurde die Milch umgeschüttet, ist das Glas leer. Beim nächsten Mal werden die Kinder wahrscheinlich anders agieren, beim übernächsten Mal ganz sicher. Sie lernen aus Erfahrung. Eine Strafe hingegen setzt das Kind unter Druck und kann sich sogar zu einer Angst vor Bestrafung entwickeln. Das Kleine soll jedoch keine Angst vor den Eltern haben, sondern durch sie liebevoll ins Leben hinein begleitet werden.

So, kommen wir nun endlich zu einem konkreten Beispiel.

FALLBEISPIEL

Die immer gut gelaunte Mia (4 Jahre) verteilt über den Tag so einige ihrer Spielsachen im Zimmer. Vor dem Abendessen soll Mia aufräumen, was sie gar nicht mag. Mittlerweile ist das zu einem ausgereiften Theater geworden. Mia versucht hier ganz gezielt, ihren Willen durchzusetzen, was bisher wunderbar geklappt hat. Mamas Nerven machen allerdings nicht mehr mit und die Geduld ist am Ende. Was also kann sie tun, um diesen Szenen ein Ende zu bereiten? Ein Gespräch miteinander ist hier unumgänglich, denn Mama muss neue Regeln einführen. Dazu muss Mia wissen, worum es geht und welche Lösung ihre Mama vorschlägt. Die eindeutige Anweisung muss von Mama ausgesprochen und von Mia eingehalten werden. Falls Mia sich weigert aufzuräumen, werden Konsequenzen angekündigt, damit Mia wirklich verstehen kann, worum es hier geht.

Mama:
»Ich möchte, dass du aufräumst, Mia!«

Mia räumt auf.

Mia räumt nicht auf.

Konsequenz ansprechen:
Auf dem Boden liegendes Spielzeug wird in eine Kiste gepackt.

Mia bleibt stur, räumt nicht auf.

Mama packt die Kiste.

Mia räumt nun doch auf.
Das bereits gepackte Spielzeug bleibt drin, den Rest darf sie behalten.

Die bisher gefüllte Kiste wird weggeräumt.

Mia hat aufgeräumt, die Kiste bekommt sie ***später*** *wieder.*

Mia schreit.

Konsequent bleiben!
Nur was Mia selbst aufgeräumt hat, bleibt im Zimmer.

Mia bleibt stur und wird wütend.

*Mia aus dem Zimmer schicken**

*In diesem Fall ist es ratsam, eine Unterstützung, wie den Papa, im Haus zu haben, der sich in der Zwischenzeit um das schreiende Kind kümmern kann. Zwei Baustellen auf einmal sind ungünstig und könnten zur Eskalation des Streits führen, was dem eigentlichen Problem überhaupt nicht dienlich ist.

Natürlich kann für die ersten ein oder zwei Mal Hilfe vonseiten der Mama angeboten werden, damit Mia weiß, wie sie die Aufgabe bewältigen kann. Mama könnte mit Mia eine Aufräumstrategie entwickeln (zuerst Schreibtisch/Tisch, dann Fußboden, dann Bett/Sofa etc. oder zuerst Puzzle, dann Puppen, Autos, danach Bastelsachen usw.). Sollte es in diesen Situationen wieder zu Schwierigkeiten kommen, könnte auch der Papa das Aufräumen anleiten.

TRÖDELN

Leandro (6 Jahre) trödelt morgens beim Anziehen. Nachdem Mama ihn schon mehrfach aufgefordert hat, sich zu beeilen, sagt sie genervt:

»Leo, mach jetzt mal bisschen hinne!«

Leandro: »Jetzt siehst einmal, wie es mir geht, wenn ich mit dir einkaufen gehen muss.«

Dieses Konfliktpotential trifft uns Eltern immer wieder, auch wenn es Kinder gibt, die relativ schnell lernen, pünktlich fertig zu werden. Für diese Kleinen ist es oft nur eine Umstellung, wenn sie in die Kita kommen und die Nacht womöglich früher endet als gewohnt. Dagegen haben vor allem kleine Yogis richtige Probleme. Um dein Kind in dieser Sache unterstützen zu können, werde ich einen typischen Morgen im nicht gerade aufstehfreundlichen Winter beleuchten: Tim ist ein echter Langschläfer und möchte morgens am liebsten kuscheln, und noch ein bisschen kuscheln, und aufstehen, nö, lieber noch ein bisschen kuscheln. Bis er endlich aus dem Bett gekrabbelt ist, vergehen viele Minuten. So einen Kuschelbär könnte man mit einem sanften Lied wecken, dass du stets ein wenig lauter drehst. Reagiert er mittlerweile mit einem Brummen, könntest du fröhliche Kinderlieder anschalten. Vielleicht lässt sich Tim auch zu einer von dir geführten Morgengymnastik überreden. Du bewegst seine Arme und Beine in alle Richtungen und begleitest diese Übungen durch ein paar Worte: »Guten Morgen, liebes linkes Bein. Du bist aber noch ziemlich schläfrig. Ich glaube, ich schüttle dich ein bisschen aus.«

Kitzeln wäre auch eine Möglichkeit, die allerdings nicht jedes Kind mag. Bei manchen Kindern hilft auch ein Lichtwecker, der den Sonnenaufgang simuliert und langsam Licht ins Zimmer bringt. Ist Tim dann irgendwie im Bad gelandet, kann ein kalter Waschlappen wahre Wunder bewirken. Die Kühle im Gesicht macht tatsächlich munter. Deshalb würde nach dem Anziehen auch ein kurzer Kick frische Luft helfen und Tim könnte den Tag am offenen Fenster begrüßen. Um am Ball zu bleiben, könnte Tim nun helfen, den Tisch zu decken oder sein vorbereitetes Frühstück für die Kita in seine Tasche stecken. Ganz allgemein ist es für solche Kinder wichtig, ausreichend Zeit einzuplanen. Wird die Zeit nämlich knapp, reagieren kleine Yogis mit noch mehr Ruhe und bewegen sich fast gar nicht mehr.

Doch nicht nur diese Kinder trödeln gern. Andere fahren lieber noch den Großen Preis von Monte-Carlo zu Ende oder sind beim Bau des Eiffelturms noch nicht mal bis zu der ersten Plattform gekommen. Manchmal tut es einem schon leid, wenn man vor lauter Terminen die Kleinen aus ihrem Spiel holen muss, allerdings lässt sich das vor allem morgens kaum vermeiden. Sprich mit deinem Kind und versuche ihm beizubringen, dass früh nur klitzekleine Spiele drin sind oder die Vollendung erst am Nachmittag erfolgen kann. Warum sollten sie nicht wie die Großen auch einen Boxenstopp oder wegen Schlechtwetter eine Baupause einlegen können? Wenn du nun als Mama oder Papa schon dreimal gerufen hast und dein kleiner Liebling einfach nicht kommt, und dieses Szenario jeden Tag auftritt, solltest du handeln. Möglicherweise könntest du »Öffnungszeiten« oder besser Schließzeiten für das Kinderzimmer einführen. Zehn Minuten vor Abfahrt oder Spaziergang in den Kindergarten wird die Tür abgeschlossen. Dein Kind muss also das Zimmer verlassen, um in die Kita gehen zu können. Nun gibt es natürlich auch die Sturköpfe, die solche Konsequenz einfach mal austesten würden, und Einschließen in ein Zimmer ist für kleine Kinder wirklich keine gute Idee. Du könntest in diesem Fall die Zeit des Zähneputzens nach dem Frühstück nutzen, um das Zimmer abzuschließen. Im Wohnzimmer dürfen sich dann allerdings keine Spielsachen stapeln, klar. Vielleicht gibt es auch kleine Aufgaben, die dein Kind übernehmen könnte, um gar nicht mehr Zeit zum Spielen zu haben. Mitunter müssen Tiere gefüttert, der Tisch abgeräumt oder die Frühstücksdose auch in Mamas Tasche gepackt werden.

In vielen Familien sorgt das Anziehen für Trödelei und daraus resultierende stressige Situationen, auch wenn du wirklich schon reichlich Zeit eingeplant hast. Dann hilft nur Lernen aus den Folgen. Viele Kitas haben schließlich eine begrenzte Bringzeit, die du einhalten musst.

FALLBEISPIEL

Malin (5 Jahre) hat etwas ganz Wunderbares zum Anziehen gefunden, allerdings ist Bruder Mats (6 Jahre) der Meinung, dass dieses Glitzer-Tüllkleid eher in die Faschingszeit gehört und nicht in die Kita. Ein Streit entbrennt, den Mama schlichten muss. Ansonsten könnte sich Malin überhaupt nicht mehr anziehen und der Zeiger der Uhr läuft unaufhörlich weiter. Malin beginnt, viele Kleider und Röcke auf dem Fußboden zu verteilen Mats macht munter weiter. Bis Malin sich in ihrem Bett versteckt und nicht mehr in die Kita will.

Mats

Regelverstoß:
Niemand wird geärgert oder provoziert!

Konsequenz:
Zimmer verlassen
+ trauriger Smiley

Um den Smiley wieder los zu werden, ist einmalige Hilfe bei einer Aufgabe nötig. z. B. Malin helfen, die Kleidung in den Schrank zu legen.

Mats verlässt das Zimmer und deckt freiwillig den Tisch.

Malin sitzt pünktlich im Auto.

Frühstück

Erinnerung von Mama:
»10 Minuten bis zur Abfahrt«

Mats sitzt pünktlich im Auto.

Malin

Mama:
»Zieh dich an! Wir fahren in 30 Minuten los!
Du gehst auch in Unterwäsche mit!«

Malin zieht sich an.

Malin bleibt im Bett.

***Erinnerung** von Mama:*
»Noch 20 Minuten!«

Malin zieht sich an.

Malin bleibt im Bett.

***Erinnerung** von Mama:*
»Noch 10 Minuten!«

Malin zieht sich an.

Malin bleibt im Bett.

Mama:
»Es geht los! Malin, komm!«

Malin kommt heulend,
in Unterwäsche.
Will aber so nicht ins Auto.

Malin bleibt im Bett.

Mama trägt sie ins Auto.
Malin schreit aber Mama gibt
keinen Kommentar ab.

Mama gibt Malin die Klamotten,
welche Malin im Auto anzieht.

Die Grafik zeigt eine mögliche Lösung des Problems. Wenn sich das Kind weigert, sich anzuziehen, muss es aus den Folgen lernen, was konkret heißt: »So wie du bist, musst du mit! Zur Not auch im Schlafanzug.« Bei Malin ist es vermutlich noch schlimmer, denn wer will in Unterwäsche in die Kita? Das könnte nur ein wahrlich sturer Sturkopf durchziehen und dann sollte auch dieser am eigenen Leib erfahren, wie seine Mitmenschen auf ihn reagieren. Bei einem ähnlichen Beispiel mit deinem Kind musst du allerdings mit deinem Bauchgefühl ausmachen, ob diese Methode funktionieren kann. Denn wenn sich dein Kind auszieht und weil es im Auto so eng ist, wütend wird, bist du am Ende diejenige/derjenige, die/der das Kind wieder anzieht. Dann hast du rein gar nichts gewonnen.

Um dieses Problem erfolgreich zu beheben, ist es notwendig, die Verantwortung für das Anziehen auf das Kind zu übertragen. Wenn es alt genug ist, kann es diese Aufgabe durchaus übernehmen. Du bringst deutlich rüber, dass es ab jetzt seine eigene Verantwortung ist, sich anzuziehen. Dann gehst du und lässt das Kind allein. Lediglich bei Dingen, die es tatsächlich noch nicht allein schafft, braucht es deine Hilfe (Kniestrümpfe und Strumpfhosen sind bei 2- und 3-jährigen Kindern doch recht schwierig). Manchmal sind auch die Schnürsenkel für den Zeitmangel verantwortlich. Diese knifflige Aufgabe kann zu richtigen Wutausbrüchen führen, weil die Bändel oft nicht so wollen wie die Kleinen. In diesem Fall solltest du gut abwägen, denn einerseits möchtest du die Selbständigkeit ja fördern, aber andererseits muss der Schuh jetzt endlich angezogen und gebunden werden. Zunächst hilft es, das Binden in ruhigen Minuten zu üben. Für den hektischen Morgen könntest du eine Vereinbarung treffen, beispielsweise ein Zeitfenster einrichten, in dem das Kind probieren kann, ob es die Schnürsenkel allein binden kann. Nerven dich die Streitereien wegen dieser Schuhbändel derart, dann kannst du natürlich auch auf Klettverschlüsse umsteigen (die Erzieher/innen in der Kita finden das auch super!) und das Thema zeitlich nach hinten verlagern.

ESSEN

Jule fragt Torben: »Sag mal, betet ihr vorm Essen?«

Torben: »Nee, Mama kann kochen.«

Wenn es ums Essen geht, können nicht nur in Familien, sondern auch in der Gesellschaft Glaubenskriege ausbrechen. Sind Süßigkeiten vertretbar? Flexitarier, Vegetarier oder Veganer? Muss das Kind wirklich alles probieren? Aufessen ist Pflicht! Nur diese wenigen Beispiele können die gemeinsame Mahlzeit wie das Abendessen, mitunter die einzige Zeit, wo alle Familienmitglieder an einem Tisch sitzen, zu einem Kampfplatz umfunktionieren.

Kind: »Ich mag die Wurst nicht, da ist Schwabbelspeck dran!«
Papa: »Iss das, Fett hilft, durch den Winter zu kommen!«
Mama: »Lass das Kind, er sollte lieber etwas Gesundes essen! Felix, nimm die Paprikastreifen!«
Felix: »Bäh, die schmecken nicht!«
Mama: »Was willst du dann?«
Felix: »Pommes mit Ketchup!«
Mama: »Du weißt doch, dass Pommes zu fettig sind und Ketchup viel Zucker enthält!«
Felix: »Gerade hat Papa gesagt, dass Fett für den Winter gut ist!« ...

Findest du dich da irgendwie an deinen Tisch versetzt? Auch wenn das Beispiel so bei dir nicht vorkommt, gibt es wohl kaum Familien, bei denen alle alles essen. Um vor allem die Streitigkeiten zwischen den Eltern zu vermeiden, ist eine gemeinsame Absprache notwendig, auch wenn sie nicht immer einer Meinung sind. Mittelwege und Kompromisse lassen sich doch meistens finden. Mit den Kindern sollte ebenfalls über die familieninterne Ernährung gesprochen werden, zumal das Thema »Gesundes Essen« auch in der Kita behandelt und vielerorts umgesetzt wird. Ist den Kleinen dann klar, was auf den Tisch kommt, darf, muss aber nicht gegessen werden, ist der größte Teil einer Diskussion schon abgewendet worden. Denn warum solltest du dich aufreiben, wenn dein Kind partout keinen Paprika essen möchte, alles andere Gemüse aber schon? Natürlich kann dann auch nur das gegessen werden, was auf dem Tisch steht. Manchmal gibt es jedoch Diskussionen vonseiten der Kinder, wenn diese einfach am liebsten die ganze Woche nur Spaghetti mit Tomatensoße essen würden.

Während die Art der Ernährung meistens abwechslungsreich und gesund gestaltet wird, ist die Menge ganz oft ein weiteres Problem. Viele Eltern befürchten, dass ihre Kinder nicht genug essen. Doch diesem Vorurteil möchte ich ganz entschieden entgegentreten. Bevor ihr euren Kindern mit lustigen Gebärden und Sprüchen (»Tsch, tsch, tsch, hier fährt die Eisenbahn in den Tunnel hinein!«) den Mund vollstopft, schaut lieber in das schlaue gelbe Untersuchungsheft und sucht die Seite mit der Grafik zum Normalgewicht. Es gibt kaum Kinder, die aus der Kurve ausbrechen. Ich habe davon eins, kann aber trotz Untergewicht keine weiteren Beeinträchtigungen feststellen und auch der Kinderarzt fand keine Ursache. Meine Tochter hat eine Zeitlang auf Anraten des Doktors Frischkäse mit Doppelrahmstufe und viiiel Butter gegessen und passiert ist ... rein gar nichts. Ergo sollten wir als Eltern den Kindern vertrauen, denn zumeist haben sie ein gesundes Essverhalten, bereits als Säuglinge! Lediglich beim Zuckerkonsum solltest du ein Auge auf dein Kleines haben, weil es wirklich ungesund ist.

EXKURS

Wie sich Glaubenssätze und Verhaltensmuster der Eltern auf den Nachwuchs übertragen können.

Dass wir als Eltern unsere Kinder in bestimmter Weise »formen«, ist nicht von der Hand zu weisen. Allein aus unseren Gesprächen und Handlungen werden sie viele Muster nachahmen und auch übernehmen. Dass die Kleinen mitunter Dinge speichern, die wir so vielleicht gar nicht beabsichtigt haben, merken wir meist dann, wenn sie uns diese Dinge vor Augen führen. Bereits auf Seite 26 konntest du über die Verhaltensmuster und Glaubenssätze deiner Eltern lesen, die sie an dich weitergereicht haben. Nun bist du in die Rolle als Elternteil geschlüpft und möchtest vermutlich verhindern, dass unschöne Muster abgespeichert werden. Fangen wir einfach mal am Esstisch an.

Dein Kleines spielt nur mit dem Essen herum, isst jedoch nichts. Irgendwann reißt dein Geduldsfaden und du erklärst ihm, dass Kinder aus anderen Teilen der Welt gern an diesem Tisch sitzen und essen würden, weil sie gar nichts oder nur ein bisschen Brei bekommen. Hoppla! Kennst du diesen Spruch nicht aus Kindertagen? Oder: »Es wird aufgegessen, sonst scheint morgen die Sonne nicht.« Echt jetzt? »Die Kuh hat sich extra Mühe gegeben, damit du frische Milch trinken kannst.« Na klar. Sie wusste ja auch, dass Mama mir welche hinstellen wird. Oder einer der Lieblingssprüche vergangener Generationen: »Es wird gegessen, was auf den Tisch kommt!« In ausweglosen Situationen scheint uns unser Verstand einen Strich durch die Rechnung zu machen und auf altmodische Muster zurückzufallen oder auf abstruse Ideen zu kommen. Auch der Glaube an: »Iss, damit du groß und stark wirst!« ist tief in uns verwurzelt. Damit wird nur unnötig Druck aufgebaut, der sich irgendwann im Gehirn festsetzt. Das Gegenteil geben wir auch mal gern weiter und empfehlen unseren Kindern, die Butter nicht zu dick aufs Brot zu streichen, damit sich die Gene nicht durchsetzen, denn sie sehen schließlich an uns, wo das hinführen kann. Mit diesen leicht daher gesagten Glaubenssätzen können wir unsere Kinder beeinflussen und deshalb solltest du ein wenig Obacht geben, ob nur mal eine Bemerkung rausrutscht oder sie doch regelmäßig am Essenstisch zum Besten gegeben wird. Und nicht zuletzt sind da noch unsere Eltern, Verwandten und Bekannten, die solche Floskeln fast inflationär verwenden. Sie alle darfst du auf die Wirkung ihrer Worte hinweisen und darum bitten, diese nicht mehr zu benutzen.

Nun sollen noch zwei Fallbeispiele aufzeigen, wie du bei gemeinsamen Mahlzeiten mit Schwierigkeiten gelassen und souverän umgehen kannst.

FALLBEISPIEL

Simon (6 Jahre) mag das Mittagessen (Pasta mit Champignons und Artischocken) nicht und weigert sich zu essen. Klara (5 Jahre) hat angeblich keinen Hunger und wird bockig und laut, als sie aufgefordert wird zu essen. Simon bleibt still und schaut lustlos auf seinen Teller. Die beiden sollten wissen, dass es genau jetzt Essen gibt und sie ansonsten bis zur nächsten Mahlzeit in einigen Stunden warten müssen. Haben die Kleinen einmal die Erfahrung gemacht, dass es in der Zwischenzeit wirklich keine Speisen gibt und der Magen so laut knurrt, dass es fast wehtut, dann werden sie sich in Zukunft überlegen, ob sie eine Mahlzeit auslassen. Wenn du als Mama oder Papa dagegen einknickst und doch zwischendurch etwas Kleines anbietest, hast du verloren. Hat Klara zur gleichen Mahlzeit tatsächlich oft keinen Hunger, solltest du der Ursache auf den Grund gehen. Möglicherweise hortet sie heimlich Lebensmittel oder hat in der Kita kurz vorm Nachhause-Gehen noch etwas gegessen. Manche Kinder trinken vor dem Essen bereits so viel, dass der Magen schon halb gefüllt ist. Im Fall von Simon macht es vermutlich die Kombination der Nahrungsmittel. Auch wir Erwachsene haben bestimmte Vorlieben und Abneigungen und wenn es nur der Blick in den Topf hervorruft. Pilze sind einfach schwammig und nicht jedermanns Sache. Artischocken haben einen spezifischen Geschmack. Wenn die Pasta nicht gemischt wurde, spricht doch nichts dagegen nur Nudeln zu essen. In ein paar Jahren, wenn sich die Geschmacksknospen verändert haben, mag er dieses Gericht vielleicht sehr gern. Ich habe mal gelesen, dass man sich an den Geschmack eines Lebensmittels gewöhnen kann. Ungefähr acht Versuche braucht es, bis man feststellen kann, ob dieses Gemüse, Obst, Getreide, Nuss etc. nicht doch schmeckt.

FALLBEISPIEL

Der kleine zappelige Philipp (vermutlich ein Wirbelwind) veranstaltetet absichtlich eine Sauerei auf dem Tisch. Er pantscht mit den Händen im Essen herum und verteilt die Soße. Tisch, Kleidung, Stuhl und Boden sind verschmiert, doch Philipp hört nicht auf. Er hat unheimlich viel Spaß dabei. Zwischendurch rutscht er auf seinem Stuhl hin und her und klettert sogar herunter. Hier gibt es mehrere Ansätze, dieses Verhalten zu unterbinden bzw. in andere Bahnen zu lenken.

1. Möglichkeit:
Regel: »Ich esse mit Besteck. Hände bleiben außerhalb des Tellers.«

Konsequenz:
Bei Nichteinhaltung gibt es nur noch »trockene« Speißen (Brot, Zwieback, Apfel, Paprika), also alles, was deutlich weniger Sauerrei verursacht.

2. Möglichkeit:
Regel: »Ich bleibe sitzen.«

Konsequenz:
Bei Nichteinhaltung wird der Stuhl entfernt und das Kind muss im stehen essen. So eine Art Steh-Imbiss ist im ersten Moment noch interessant, doch das Kind isst im Sitzen einfach bequemer.

3. Möglichkeit:
Regel: »Ich bleibe sitzen und esse mit Besteck.«

Konsequenz:
Bei Nichteinhaltung ist die Mahlzeit beendet und das Kind muss auf die nächste warten.

4. Möglichkeit:

Bevor es Essen gibt werden spielerisch alle Zappeleinheiten aus Phillip heraus geschüttelt. Er darf also nach Belieben hüpfen, zappeln, Arme und Beine ausschütteln, ... Vor dem Essen wäscht er sich die Hände und dabei kommt er zur Ruhe, beispielsweise durch einen Reim, wie »Vor dem Essen Händewaschen, dann den Zappel in die Taschen. Beim Essen bleibt es sauber, das ist Phillips neuer Zauber.« Diese Routine wird sich abspeichern, wenn ausreichend Wiederholungen erfolgt sind.

SCHLAFEN

»Mama, ich komme heute Nacht zu euch ins Bett.
Meine Stofftiere müssen ja auch mal lernen, allein zu schlafen.«

Nur wenige Kinder sind von Anfang an begnadete Langschläfer. Während Babys sich erst an den Tag- und Nachtrhythmus gewöhnen müssen und nicht selten während unserer Tiefschlafphase aufwachen, haben ältere Kinder vor allem Probleme beim Einschlafen. Mitunter können kleine Tyrannen eine Stunde und mehr ihre Eltern beschäftigen und in den Wahnsinn treiben, während Papa eigentlich den zwanzigsten Überschlag eines BMWs bei »Alarm für Cobra 11« anschauen will und Mama entspannt in der Badewanne mit einem Buch nach Australien entflieht. Solche Szenen sind leider keine Seltenheit und es erfordert ausreichend Geduld, bis die lieben Kleinen endlich gelernt haben, in ihrem Bett liegen zu bleiben und langsam in den Schlaf zu gleiten. Dabei gibt es eigentlich sehr viele Hilfsmittel, wie Einschlafmusik, einen leuchtenden und sich drehenden Sternenhimmel über dem Bett, usw., die allerdings das kindliche Temperament nicht wirklich beruhigen können. Doch irgendwie muss es ja gehen oder du bist so relaxt, dass dich diese abendlichen Turbulenzen nicht kratzen. Und da wären wir schon beim ersten Ansatz. Vor allem ältere Kinder können die Verantwortung für ihren Körper selbst übernehmen, wenn sie nur wissen, dass ihne die Verantwortung übertragen wurde.

FALLBEISPIEL

Moritz (5 Jahre) möchte abends nicht schlafen gehen. Bisher gab es stundenlanges Theater.

- Mama überträgt dem Jungen ab sofort die Verantwortung dafür, wann er ins Bett gehen soll. Moritz jubiliert innerlich, klar! Er ist jetzt groß und kann solange aufbleiben, wie Mama und Papa.

- Irgendwann wird er müde und spielt im Bett weiter, bis dann doch der Schlaf über ihn hereinbricht.

- Am nächsten Morgen ist Moritz unausgeschlafen und unausgeglichen.

- Am Abend fragt er seine Mama, wann er ins Bett gehen soll und Mama antwortet, dass er dies selbst entscheiden muss. Er trägt jetzt die Verantwortung.

- Da Moritz die Verantwortung etwas zu groß erscheint, möchte er, diese wieder der Mutter übertragen. Mama: »Moritz, du bist selbst für dein Zubettgehen verantwortlich. Ich kann dich jedoch unterstützen und dir Bescheid geben, wenn die Zeit gekommen ist, um sich schlafen zu legen.«

Diese Hilfe brauchen vor allem die kleinen Philosophen, die gern die Welt um sich herum vergessen. Falls du diese Lösung auch praktizieren möchtest und vielleicht ein Wochenende oder die Ferien ins Visier nimmst, dann denke unbedingt daran, dein Kind trotzdem zur wochentäglichen Aufstehzeit zu wecken! Würde das Kind länger schlafen, hätte es das Schlafmanko wieder ausgeglichen und keine Erfahrung mit der Müdigkeit am Morgen gemacht. Wichtig wäre auch, dass du erst dann ins Bett gehst, wenn dein Kleines schläft, auch wenn das ziemlich spät werden könnte. Würdest du überall das Licht ausschalten, könnte sich dein Kind fürchten und in dein Bett schlüpfen wollen.

FALLBEISPIEL

Jana (4 Jahre) kommt trotz Abendritual ein paar Mal aus dem Zimmer. Damit das Mädchen aus ihren Folgen lernen kann, muss es eine Regel bzw. eine Grenze geben.

Die Eltern können mit Jana vereinbaren, dass ab einer bestimmten Uhrzeit für sie als Eltern Feierabend ist. Danach muss sich das Mädchen um sich selbst kümmern. Konkret heißt dies, wenn Jana kommt, weil sie Durst hat, muss sie ab sofort ihr Getränk allein holen. Sollte dies jeden Abend so sein, könnten die Eltern vorschlagen, dass sie ihr Glas vor dem Zubettgehen bereits ins Zimmer stellen soll. Wenn Jana noch einen weiteren Gute-Nacht-Kuss braucht, bekommt sie diesen ab sofort nicht mehr. Hier könnten die Eltern darauf hinweisen, dass sie die gewünschte Menge vor dem Feierabend abholen muss.

Bei jeder Aktion, die Jana als Grund für erneutes Aufstehen benutzt, sollten die Eltern einmal auf die Regel hinweisen und danach nicht mehr reagieren und nicht nachsehen, was das Mädchen in ihrem Zimmer tut. Jana muss allerdings auch hier wissen, dass sie für ihren Schlaf selbst verantwortlich ist.

FALLBEISPIEL

Kleine Yogis gehen normalerweise unproblematisch ins Bett. Mit klassischer Musik (natürlich keine aufgeregte), Schlummerliedern oder Entspannungsmusik können sie gut einschlafen. Ihr Problem könnte eher die räumliche Entfernung zu den Eltern sein, so wie bei Benjamin (4 Jahre). Bisher durfte er zum Einschlafen immer in Mamas Bett und Papa trug Benjamin dann nachts in sein eigenes Zimmer. Nun reicht es dem Papa allmählich und Benjamin soll lernen, in seinem Bett einzuschlafen.

Die Eltern sprechen mit ihrem Kind und kündigen an, dass er bei Nichteinhaltung der neuen Regel in sein Bett getragen wird. Auch wenn diese Prozedur am Anfang sehr aufwendig ist, sollten Eltern diesen Weg solange gehen, bis das Kind verstanden hat, dass es keinen Ausweg gibt. Am besten verlieren Papa oder Mama überhaupt keinen Kommentar, wenn Benjamin in sein Bett gebracht wird. Nun könnte es durchaus sein, dass es berechtigte Gründe für das Schlafen im Elternbett gibt. Diese sollten im Dialog vor der neuen Regelung geklärt werden. Immerhin könnten Gespenster, Spinnen oder andere unliebsame Wesen das Kinderzimmer bevölkern (nicht selten verursachen Lichtscheine im Halbdunkel lebendige Monster und die Spinne wurde tagsüber vom Kind beobachtet), Geräusche ebenfalls für Aufruhr sorgen (Luft in der Heizung, Bäume, die bei Wind an der Regenrinne ein kratzendes Geräusch verursachen) oder eine Gruselgeschichte aus der Kita. Solchen Kindersorgen solltest du natürlich mit Verständnis begegnen und diese beseitigen.

Kleine Monster kann man mit einem Besen oder Staubsauger entsorgen, Gespenster durch Umstellen des Lichts oder Wegräumen von Gegenständen im Zimmer entfernen und Gruselgeschichten mildern. Du kannst deinem kleinen Liebling auch einen imaginären Schutzanzug überstülpen, Schutzengel an sein Bett setzen oder den Mond als Beschützer engagieren. Mit ein wenig Fantasie fühlen sich Kinder meistens bestens behütet. Und vergiss bei alledem nicht, deinem Kind den Schritt in sein eigenes Bett zuzutrauen. Kinder spüren, wenn ihre Eltern Zweifel haben und nutzen diese selbstverständlich aus! Eines solltest du deshalb im Hinterkopf haben – die Kleinen sind clever, haben ein untrügliches Gespür für gute Gelegenheiten und schieben frisch ins Leben gerufene Ängste auch mal vor! Sollten die Sorgen des Kindes jedoch ernst sein, sich gar nicht beiseiteschieben lassen und bereits als Ängste manifestieren, so ist eine andere Taktik notwendig. Vielleicht kann ein Besuch beim Kinderarzt helfen, der Angst zu begegnen. Um dem Kind Sicherheit zu bieten, damit es einen erholsamen Schlaf bekommen kann, wäre es möglich, das Kinderbett in das Schlafzimmer der Eltern zu stellen. Diese Nähe sollte ausreichen, um Halt zu geben. Kommt es dennoch nachts ins Elternbett, so sollte das Kind immer wieder in sein eigenes Bett getragen werden, es sei denn, ein wirklich schlimmer Albtraum hat es aus dem Schlaf geholt. Dann könnten ein paar Kuschelminuten helfen, um das Kleine zu beruhigen.

FALLBEISPIEL

Nun kommen wir noch zu Laura (3 Jahre), die mitten in der Nacht ins Elternbett krabbelt, weil es dort so gemütlich und warm ist, wie sie sagt. Und wo außerdem schon der kleine Bruder schläft. Haben die Kinder erst einmal die »Genehmigung«, im Bett der Eltern zu schlafen, wird es schwierig, sie dort wieder hinaus zu befördern. Sieht ein Kind, dass sein Geschwister ins Bett darf, wird es dies auch für sich beanspruchen. Lediglich Ausnahmen, wie das nächtliche Stillen oder Erkrankungen, die die Nähe der Mama oder des Papas erfordern, können von den Eltern plausibel als Sonderfälle dargestellt werden. Für Laura muss in diesem Fall klar sein, dass der kleine Bruder beispielsweise noch an der Brust nuckelt und nur deshalb bei Mama ist. Anschließend sollte auch er in sein Kinderbettchen gebracht werden, damit Laura weiß, was für einen gilt muss auch für den anderen gelten. Für das Mädchen sollte dieselbe Routine genutzt werden, die im vorherigen Fallbeispiel beschrieben wurde, nämlich das Tragen oder Bringen ins eigene Kinderbett, auch wenn das unter Umständen die halbe Nacht kosten könnte. Sieht Laura keine Lösung mehr, um im Elternbett schlafen zu können, wird sie in ihrem Zimmer bleiben. Hast du jedoch keine Energie mehr, weil du viele Nächte kaum schläfst, gerade wenn ein Baby zu stillen ist, und auch dein Partner keine Kraft, jede Nacht dieses Theater durchzuziehen, dann werde ich die letzte sein, die dich vom Schlafen im gemeinsamen Bett abhalten will. Solche Phasen hatte ich auch und manchmal überwiegt einfach die Antriebslosigkeit, wieder aufzustehen und das Kind in sein Bett zu legen. Aus Erfahrung möchte ich dir jedoch raten, diese Umstellung möglichst frühzeitig umzusetzen, weil es sonst noch schwieriger werden und länger dauern kann.

Einen kurzen Einblick zum Thema Schlafen findest du auch auf Seite 65. An diese Betrachtung möchte ich noch einen kleinen Exkurs anhängen, der nicht nur beim Schlafen, sondern in allen weiteren Konfliktbereichen eine große Rolle spielt.

EXKURS

Und sie kooperieren doch!

Wir haben bereits gesehen, dass wir Menschen entwicklungspsychologisch teilweise noch in der Steinzeit feststecken. Wir haben noch immer jahrtausendealte Reflexe, die ursprünglich ausschließlich unserem Schutz gedient haben. Diese funktionieren noch immer:

- Wir haben unterschiedliche Schlafphasen, weil wir mehrmals pro Nacht die Umgebung checken. (»Säbelzahntiger hier? Nö? Gut. Weiterschlafen.«)
- In einer potenziellen Gefahrensituation reagieren wir instinktiv, und zwar mit der Kampf-oder-Flucht-Reaktion (»Bär! Ich schlag zu!« oder »Bär! Zu groß zum Zuschlagen! Ich hau ab!«)
- Der Mensch ist ein höchst soziales Wesen, da er allein in der Wildnis kaum eine Überlebenschance hat. (»Ich bleibe bei meiner Sippe und kooperiere mit den anderen, denn allein bin ich verloren!«)

Das ist bereits unser Stichwort – wenn wir davon ausgehen, dass in uns allen noch das instinktive Verhalten unserer Vorfahren steckt, das uns zu sozialen Wesen macht, die für andere wertvoll sein wollen, müssen wir auch davon ausgehen, dass Kooperation angeboren ist. Was also hätte ein kleines, so hilfloses Menschlein von zutiefst oppositionellem Verhalten, einem Verhalten, das so »nervtötend« ist, dass es seine Bezugspersonen zur Weißglut bringt? Richtig: im Grunde nichts. Warum also »trotzen« Kinder? Warum machen sie manchmal partout nicht das, was wir von ihnen erwarten oder was in dieser bestimmten Situation angemessen ist?

Eine These lautet: Kinder kooperieren, solange sie können. Und wir Erwachsenen merken es oft nicht einmal. Wenn wir uns bewusst machen würden, in wie vielen Situationen unsere Kinder tatsächlich kooperieren, würden wir staunen. Es gibt hunderte Fälle pro Tag, in denen Kinder tun, was wir wollen oder was von ihnen erwartet wird.

Daran gibt es jedoch zwei Probleme. Zum einen herrscht seit Jahrhunderten ein eher negativer Blick auf die Kinder. Hinterfrage dich: Wenn dein Zweijähriger in die Küche läuft und mit einem Packen Taschentücher zurückkommt, was glaubst du ganz spontan, was er damit machen möchte?

Wahrscheinlich denkst du zuallererst, er wolle damit Unfug anstellen – die Taschentücher ausräumen und zerpflücken oder die schlafende Katze damit dekorieren. Und wie groß ist deine Überraschung, wenn du feststellst, dass er damit einen Milchfleck wegwischen möchte, den er selbst verursacht hat? Durch den negativ geprägten Blick auf unsere Kinder erwarten wir regelrecht, dass sie ständig Unsinn treiben und eben nicht kooperieren. Zum anderen fallen uns die vielen winzig kleinen Situationen, in denen unsere Kleinen tun, was wir erwarten, oft gar nicht auf. Denn für uns Erwachsene sind dies ganz alltägliche, normale Dinge. So ist es für uns selbstverständlich, dass unser Kind den Mund öffnet, wenn die Zahnbürste kommt, die Schuhe holt, wenn wir das Haus verlassen möchten oder uns das Gesicht entgegenstreckt, wenn wir ihm den Mund abwischen wollen. In all diesen Situationen hat das Kind kooperiert. Kooperiert ein Kind nicht, so hat dies stets einen Grund. Es ist müde, weil der Tag so lang war oder weil es schlecht geschlafen hat; es ist hungrig und muss zunächst seinen körpereigenen Speicher auffüllen; es braucht Nähe und muss erst Mama und Papa »tanken«; es hat bereits zu viele Reize erlebt und muss abschalten; es steht ein Situationswechsel bevor, den es schlecht aushalten kann usw.

Um zu verstehen, dass Kinder stets so weit kooperieren, wie es ihnen möglich ist, braucht es also einen gesellschaftlichen Paradigmenwechsel: Wir müssen einsehen, dass Kinder nicht als »Tyrannen« geboren werden, die in eine positive Richtung geschoben werden sollten, sondern dass sie bereits als fertige und gute Menschen zur Welt kommen, die nur noch die Regeln unserer Gesellschaft verstehen müssen. Wir müssen im Grunde unsere Einstellung darauf ausrichten, unseren Kleinsten eine Stütze zu sein, ihre Stärken zu sehen und ihnen helfen, diese weiterzuentwickeln.

Körperhygiene

»Du, Mama, wenn Bären mal müssen, machen die sich einfach ins Fell?«

Da kann es in den Bädern junger Familien am Morgen schonmal heiß hergehen. Mama ist unter der Dusche. Dann kommen zwei kleine Mäuse herein, gut gelaunt, versteht sich. Hanna (3 Jahre) steigt fröhlich zu Mama unter die Dusche, die darauf so gar keine Lust hat. Die Zeit drängt und Hanna mag sich weder allein abtrocknen, noch anziehen. Bingo! Noch weniger Zeit. Papa hastet herein, er hat vergessen sich zu rasieren. Ran ans Waschbecken, aber was ist das? Die kleine Maja (2 Jahre) versucht sich zu waschen. Denn bisher schaute niemand nach ihr. Sie hatte freie Bahn, jippi! Die Flüssigseife hängt im Haar, auf dem Körper, tropft munter auf die Fliesen und das Wasser, naja. Davon reden wir jetzt nicht auch noch. Papa dreht schnell den Hahn zu und verschiebt das Rasieren lieber. Rasierapparate sind zum Glück tragbar und können zur Not auch mit ins Büro. Nix wie raus, denkt Papa, auch wenn die Mama dringend um Hilfe bettelt ...

Die Selbständigkeit von Kindern oder das »Ich-tu-so-als-kann-ich-das-nicht-dann-muss-ich's-auch-nicht-selber-machen« macht an der Körperhygiene genauso wenig Halt wie in anderen Bereichen. Das selbständig Werden soll das auch gar nicht. Um für sich Verantwortung übernehmen zu können, sollten die Kleinen frühzeitig an die Eigenständigkeit im Bad und auf der Toilette herangeführt werden. Viele Dinge der Körperhygiene bedürfen ausreichender Übung grob- und feinmotorischer Fähigkeiten. Denke nur an das komplexe Zähne putzen, was sehr leicht zu einem Reizthema werden kann. Natürlich möchtest du für ausreichend Hygiene im Mundraum sorgen und die weniger gut gesäuberten Stellen nachputzen. Doch möchte dein kleiner Liebling das auch? Vermutlich nicht, denn Kritik verunsichert Kinder und stellt sie als unfähig dar. Hierbei ist viel Fingerspitzengefühl gefragt, um dem Kind einerseits die Konsequenz falschen Putzens nahezubringen, aber andererseits dafür zu sorgen, dass es weiter übt.

Fallbeispiel: Leon (4 Jahre) möchte nicht, dass seine Eltern ihm die Zähne putzen. Beide befürchten jedoch, dass er nicht gründlich genug ist und sich Karies bilden könnte. Zunächst sollten die Eltern das selbständige Putzen der Zähne unterstützen. Vielleicht nutzen sie die Zeit im Bad, um auch ihre Zähne zu säubern. Nebenbei können sie den genauen Ablauf zeigen (falls das Kind ein kleiner Sturkopf oder Philosoph ist, der bei Kritik empfindlich reagiert, einfach ohne Kommentar oder besonderen Hinweis). Eine Sanduhr kann dem Kind helfen, die Zeit für das Putzen abzuschätzen, was den Wirbelwinden zugutekommt, die sich leicht ablenken lassen oder den Yogis, die vielleicht den zweimaligen Durchlauf der Sanduhr benötigen. Sehr gründliche Ergebnisse kann ein Kind mit einer elektrischen Zahnbürste erreichen. Dabei wird die motorische Geschicklichkeit allerdings weniger trainiert. Sind die Eltern immer noch besorgt, so könnte ein Gespräch über die Konsequenzen schlechter Zahnhygiene helfen. Für dreijährige und ältere Kinder sind ausreichend Bücher im Handel erhältlich und auch die Kitas sind immer wieder bemüht, dieses Thema unterzubringen. Braucht der kleine Liebling noch einen weiteren Input zu den Konsequenzen, so helfen Färbetabletten, die den Belag sichtbar machen. Am besten funktionieren die Tabletten allerdings beim Zahnarzt, der als Fachmann auf seinem Gebiet Autorität ausstrahlt und über Löcher in den Zähnen ganz anders sprechen wird als wir Eltern. Dafür sollte das Kind auch vor dem Zahnarztbesuch seine Zähne ganz allein putzen.

FALLBEISPIEL

Lara (3 Jahre) möchte überhaupt keine Zähne putzen. Wie du bereits mehrfach gelesen hast, ist es nicht förderlich, das Kind gegen seinen Willen zum Zähneputzen zu zwingen, erst recht nicht mit »körperlicher Gewalt« (siehe nachfolgenden Exkurs). Wenn du das Kind praktisch ans Waschbecken zerrst und es unter Mühen mit deinem Körper am Platz halten willst, so erreichst du nur Gegenwehr. Das Kind wird seinen Widerstand nun nicht gerade aufgeben und sich freudestrahlend dem Zähneputzen widmen. Also muss eine andere Lösung her. Du könntest beispielsweise erklären, was die Folgen fehlender Mundhygiene sein können (siehe oben). Unter anderem entsteht Karies, die vor allem durch Süßes hervorgerufen wird. Süße Lebensmittel fallen solange weg, bis das Kleine seine Zähne putzt. Dazu gehören auch süße Getränke! Daneben existieren Lebensmittel, die für ein gesundes Zahnmilieu sorgen (unter anderem Milchprodukte, Hülsenfrüchte, Rohkost). Setzt du diese nebenbei als Unterstützung ein, ist es für kurze Zeit verschmerzbar, dass sich das Kind die Zähne nicht putzen will. Eine Karotte beispielsweise ist so hart, dass sie lang im Mund bleibt und durch den angeregten Speichelfluss gewisse Beläge mitnimmt.

EXKURS

Gewaltfreie Kommunikation

Wenn wir Eltern werden, hegen wir alle die Hoffnung, unsere Erziehungsarbeit gut zu machen. Wir erwarten, ein leeres Blatt Papier zur Welt zu bringen – wir Eltern halten den Stift in der Hand, um dieses Blatt Papier zu beschriften, und zwar mit den Merkmalen und Werten, die uns wichtig erscheinen. Wird unser Kind dann geboren, staunen wir, wenn wir feststellen, dass dieses Blatt Papier schon beschriftet ist! Es enthält bereits viele Charaktereigenschaften und sie müssen uns nicht immer gefallen. Vielmehr kollidieren manches Mal die Eigenschaften des Nachwuchses mit den unsrigen; auch deshalb, weil wir als Erwachsene bereits ein zur Hälfte gelebtes Leben aufweisen. Viele Verhaltensweisen unserer Sprösslinge könnten uns schier zur Verzweiflung treiben, denn sie sprechen Erfahrungen in uns an, die uns einmal unglücklich gemacht haben oder über die wir in irgendeiner Art und Weise Gewalt erfahren haben. Oft fällt es uns dann schwer, ruhig zu bleiben und adäquat auf unsere Schützlinge einzugehen. Wir üben wiederum selbst die Gewalt aus, die uns einst widerfahren ist.

Der US-amerikanische Psychologe Marshall Rosenberg entwickelte in den 1960er-Jahren das Konzept der »nonviolent communication«, der gewaltfreien Kommunikation. Ziel dieser Art der Konfliktlösung ist es, sensible und empathische Beziehungen zu erschaffen, die von der einfühlsamen Kommunikation von Bedürfnissen leben. Die GFK, wie die Kurzform der gewaltfreien Kommunikation lautet, geht davon aus, dass wir Menschen stets versuchen, die eigenen Bedürfnisse zu erfüllen, auch wenn wir uns dessen nicht bewusst sind.

Dazu nutzen wir, oft unbewusst, nicht nur Strategien, die anderen guttun, sondern auch solche, die anderen – und auch uns selbst – schaden. Gewaltfreie Kommunikation versucht also, die Bedürfnisse aller Menschen zu erhören und möglichst zu erfüllen, allerdings auf wertschätzende und respektvolle Art.

GFK anzuwenden ist nicht so einfach, wie es sich vielleicht anhört. Wir alle haben mehr oder weniger Gewalt in unserer Erziehung erfahren. Selbst die Erwachsenen, die als Kinder nie geschlagen wurden, gehören dazu, denn ein harsches »Sei still jetzt! Es interessiert mich gerade nicht, was du mir erzählen willst!«, ein festes Ziehen am kindlichen Arm oder die völlige

Ignoranz durch einen Elternteil, sind ebenfalls Grenzverletzungen, die in uns präsent sind und möglicherweise unbewusst eingesetzt werden. Weiterhin ist es wichtig, im Alltag ganz bei sich zu sein und die eigenen Bedürfnisse nicht immer hinten anzustellen – und gerade das ist schwierig im trubeligen Leben mit Kindern. Wenn du beispielsweise dein Kind angeschnauzt hast, es solle endlich einmal ein paar Minuten allein spielen, liegt dieser verbalisierten Gewalt ein einfaches Bedürfnis zugrunde: Es ist dir gerade alles zu viel; du brauchst ein paar Minuten Ruhe. Ehe es also auf die oben beschriebene Weise eskaliert, kannst du dich fragen, warum du dich so gereizt fühlst – und zwar noch ehe du dich an dein Kind wendest. Du entdeckst dabei, dass du gerade sehr erschöpft bist. Bevor du an dem Punkt bist, an dem du dein Kind anschnauzt, solltest du ruhig, aber klar kommunizieren: »Ich fühle mich gerade sehr müde. Ich möchte, dass du fünf Minuten allein spielst. Wenn ich mich ausgeruht habe, spielen wir zusammen.« Um deinen Punkt zu unterstützen und ihn für das Kind greifbarer zu machen, kannst du eine Sanduhr aufstellen. Dann sieht dein Kind genau, wann du wieder präsent sein kannst. Dies ist GFK auf eine sehr kurze Alltagssituation heruntergebrochen. Selbstverständlich geht es dabei um viel mehr als nur ein kurzes Kommunizieren der eigenen Bedürfnisse. Es könnte jedoch ein Anfang für dich sein, um mehr mit deinem Kind in Beziehung zu gehen. Kein Elternteil kann stets die eigenen Bedürfnisse vernachlässigen und dabei noch liebevoll auf sein Kind eingehen. Nur wenn wir auch unsere Bedürfnisse akzeptieren und erfüllen, kann ein achtsames Miteinander gelingen.

Nach dem Zähneputzen birgt das Waschen weiteres Konfliktpotential. Im Abschnitt »Regelwerk«, auf Seite 77 habe ich bereits über das unwillkommene Händewaschen gesprochen. Solange Mama oder Papa diese Aufgabe übernehmen, ist eigentlich alles gut. Aber was ist, wenn sich der Sohnemann ab sofort selbst waschen soll?

FALLBEISPIEL

Jonathan (2,5 Jahre) liebt es, von seiner Mama gewaschen zu werden. Das ist wie Streicheln und außerdem ist der kleine Mann viel zu bequem, um sich selbst anzustrengen (Yogi). Um Zeit zu sparen, hat Mama die Aufgabe bisher übernommen. Nun soll ein neues Kapitel in Sachen Selbständigkeit aufgeschlagen werden. Empfehlenswert wäre es, dem Papa die Umgewöhnung zu übertragen, da Mamas Streicheleinheiten wegfallen. Diese hat Jonathan fest mit dem Waschvorgang abgespeichert und würde sie wieder fordern.

Beim Papa tut er das wahrscheinlich nicht. (Und Mama kann die Streicheleinheiten gern zu einer anderen Zeit nachholen.) Papa und Sohn könnten sich nun miteinander waschen, in der Badewanne, unter der Dusche oder auch am Waschbecken. Papa macht es vor, Jonathan macht es nach, so gut es eben geht. Zunächst würde ich mich für die einfachste Methode entscheiden, was vermutlich das Duschen ist, eventuell die Badewanne. Das Auswringen eines Lappens am Waschbecken ist für ein Kind anfangs schwer, weshalb es dabei Hilfe braucht. Beim Waschen kann ein gewisser Spaßfaktor immer dabei sein. Vielleicht mag Jonathan auch seinen Papa einseifen, sein Auto sauber machen oder Regenwald spielen (außer natürlich am Waschbecken). Wenn Jonathan als Yogi nun etwas länger braucht, dann sollte ihm die Zeit gegeben werden. Ist morgens nicht ausreichend Zeit drin, dann kann das Waschen auch auf Gesicht und Hände beschränkt werden. So dreckig wird der kleine Mann über Nacht schließlich nicht.

FALLBEISPIEL

Jasmin (4 Jahre) will keine Windel mehr tragen. Tagsüber muss die Kleidung bis zu dreimal gewechselt werden. Im Abschnitt »Erste Hilfe« auf 72 wurde bereits ein Beispiel zu diesem Thema beschrieben, auch wenn es um das nächtliche Einnässen ging. Je weniger Aufsehen um dieses Thema gemacht wird und je ungezwungener die Eltern damit umgehen, umso leichter wird Jasmin lernen, pünktlich auf die Toilette zu gehen. Nerven die Eltern allerdings mit »Schau mal, ich geh jetzt aufs Klo!« oder »Willst du mit mir aufs Klo gehen?« usw., dann könnte das Kind erst recht das Einnässen provozieren, um Aufmerksamkeit zu erhalten, oder es hat bereits resigniert, weil die Eltern ihm nicht zutrauen, dass es rechtzeitig auf die Toilette gehen kann. Du solltest bei einem solchen Fall sehr feinfühlig sein, um das Kind nicht zu verletzen. Es bemüht sich womöglich immer wieder und du erkennst diese Anstrengung nicht an. Ihr könnt gern über das Problem sprechen und du kannst dem Kind deine Unterstützung zusichern. Biete ihm an, dass es seine frische Kleidung selbst holen und sich allein umziehen kann. Dann braucht es nur noch den Ort zu wissen, wo die nassen Klamotten hinkommen, und schon ist es diesbezüglich selbständig. Der Rest ergibt sich irgendwann von allein, wenn du auch in dieser Hinsicht dem Kind die Verantwortung überträgst. Dies gilt auch für kleine Revoluzzer, die fast schon Spaß am Einnässen haben, weil sie ihre Eltern damit so richtig auf die Palme bringen können. Es ist jedoch immer zu bedenken, dass es durchaus Kinder mit kleinen Blasen gibt, die häufiger auf die Toilette müssen oder bei denen sogar ein medizinisches Problem besteht.

ANZIEHEN

Torben (4): »Papi, wer schneller angezogen ist, hat gewonnen!«

Papa: »Ok, los geht's!«

Torben: »Halt, du musst mich zuerst anziehen!«

Es ist wohl einer der berüchtigsten Schauplätze, die es auf dieser Welt gibt – das Anziehen. Während Mama vorm offenen, ziemlich reich bestückten Kleiderschrank steht und eigentlich nichts zum Anziehen findet, geht es im Kinderzimmer gerade so weiter.

FALLBEISPIEL

Johanna (2 Jahre) möchte unbedingt ihren Lieblingspulli anziehen, obwohl der gerade nass auf dem Wäscheständer hängt. Nun ja. Das kennen wir doch alle – das Lieblingskleidungsstück, welches wir am liebsten nie in die Wäsche tun würden. Und so geht es natürlich auch den Kleinsten. Wenn Johanna nun mit der Tatsache konfrontiert wird, dass ihr Pulli nass ist, lässt sie sich vermutlich auf den nächsten Tag vertrösten. Falls nicht, und die Außentemperaturen würden das Tragen dieses Oberteils erlauben, dann könntest du dem Kind den Pulli anziehen. Womöglich ist auch ausreichend Zeit bis zum Fortgehen, sodass es nach geraumer Zeit selbst entscheiden kann, ob es nicht doch ein anderes Oberteil nimmt. Nervt dich diese Situation sehr oft und es ist keine Besserung in Sicht, dann kauf doch einfach denselben Pulli nochmals. Das schont die Nerven!

FALLBEISPIEL

Amelie (4 Jahre) soll zur Hochzeit ihrer Tante als Blumenkind ein hübsches Kleid anziehen. Sie weigert sich jedoch strikt, weil Hosen einfach bequemer sind. Die Schwierigkeit des Tragens von Röcken und Kleidern ist hier vermutlich nichts Neues. Warum sollte die Mama also auf die Idee kommen, ein Kleid anzuziehen? Wenn es sich nicht um eine Hochzeit handeln würde, gäbe es dieses Problem wahrscheinlich gar nicht. Nun muss aber irgendwie eine Lösung her, damit die Kleine beim Blumenstreuen und auf den Hochzeitsfotos hübsch aussieht. Bei einem Gespräch mit Amelie könnten die Tante und die Mama das Mädchen bitten, ihnen diesen Gefallen zu tun. Vielleicht helfen Fotos aus Hochzeitsmagazinen etc. Es wäre auch denkbar einen Kompromiss zu finden, nach dem Amelie im Laufe des Tages in eine Hose schlüpfen darf. Sollte sich dennoch keine Einigung ergeben, so könnte die Mama nach chicen Hosen Ausschau halten, die dem Anlass ebenso entsprechen. Und in diesem Fall spricht auch nichts gegen eine Belohnung, wenn das Mädchen über seinen Schatten springt und das Kleid zulässt.

EXKURS

Wie viel Freiheit entscheidet über die zukünftige Persönlichkeit meines Kindes?

Genau dieses Beispiel zeigt auf, dass Kinder ihren ganz individuellen Geschmack haben, was Kleidung betrifft. Und keines der anderen Konfliktthemen lässt den Eltern so viel Spielraum, ihren Kleinen beizubringen, dass sie zu ihren Vorlieben stehen können. Warum sollte eine grün gestreifte Hose nicht zu einem gepunkteten T-Shirt passen? Kinder lieben solche schrägen Kombinationen und entlocken Außenstehenden nicht selten ein breites Lächeln. Und das ist doch etwas Wundervolles! Sie haben andere zum Schmunzeln gebracht und sich scheinbar gültigen Konventionen der Kleiderordnung entgegengesetzt, weil sie sich keine Gedanken über ihr Image machen und einfach aus ihrem Bauch heraus entscheiden. Wie beneidenswert! Wir als Eltern sollten diesem Beispiel folgen und immer wieder mal etwas tun, wonach uns der Sinn steht! Und sei es die alte labberige Jogginghose anzuziehen, die der Nachbar sieht, wenn du den Müll rausbringst. Na und, sie ist bequem! Im viel zu chicen Sommerkleid in den Supermarkt! Warum denn nicht? Wenn du also deinen Kindern den ganz persönlichen Freiraum für die Wahl ihrer Kleidung zugestehst, dann können sie sich in diesem Bereich sehr frei entwickeln.

Bei anderen Themen musst du deinem Kind eine Richtung vorgeben, beispielsweise für einen gesunden Medienkonsum. Aber auch hier gibt es Spielräume, um freie Entscheidungen zu ermöglichen. Dabei kommt es auf den Dialog zwischen Eltern und Kindern an (siehe auch Seite 77, Regel zum Fernsehen) sowie das Vorleben durch die Eltern. Wenn die Kleinen wissen, in welchem Rahmen sie Medien nutzen dürfen, können sie durchaus mit und später eigenverantwortlich entscheiden, was sie nutzen und wie lange. Lässt du deinem Nachwuchs viele Freiheiten, die allerdings auf dem Regelwerk der Familie aufbauen, können sich die Kinder frei entfalten, viele Dinge ausprobieren und aus ihren Fehlern lernen. Dies unterstützt die eigene Meinungsbildung und fördert ein gesundes Selbstvertrauen, was für die Entwicklung eines Kindes und seiner Persönlichkeit von großer Bedeutung ist. Elternsein heißt nicht, den Kleinen Vorschriften zu machen und alle Entscheidungen der Kinder zu treffen. Sie sind vielmehr dazu da, um diese Entwicklung in einem gesunden Rahmen zu halten und gegebenenfalls unterstützend einzugreifen.

»Mama, ich will heute den Tüllrock in die Kita anziehen, weil man damit so gut Sand sieben kann.«

FALLBEISPIEL

Um die elterliche Pflicht, für das Wohl des Kindes zu sorgen, und dennoch ausreichend Freiraum für die Persönlichkeitsentwicklung zu gewähren, zu verdeutlichen, lernst du jetzt Karl (4 Jahre) kennen, der seinen dicken Winteranorak bei Minusgraden einfach nicht anziehen möchte. Papa möchte mit ihm Schlitten fahren gehen und Karl natürlich auch. Die Grafik zeigt mehrere Ansätze. Zum einen möchte der Papa seinen Sohnemann selbstverständlich vor der Kälte schützen und beharrt deshalb auf der warmen Jacke. Auf der rechten Seite siehst du eine Alternative, die auch machbar ist. Karl darf seine Erfahrung selbst machen und die dünnere Softshelljacke anziehen. Der Papa wird regelmäßig kontrollieren, ob der Sohn schon friert und das Rodeln dann abbrechen. Dicke Winterjacken schränken die Bewegungsfreiheit leider etwas ein und werden von den Kleinen nicht gern angezogen. Die Notwendigkeit dieser Jacken und auch von Schneehosen kannst du deinem kleinen Liebling gern an Beispielen aus der Natur erläutern: Viele Tiere bekommen ein Winterfell, manche haben eine extrem dicke Fettschicht und wieder andere verschlafen die eisigen Temperaturen einfach. Du kannst zum Anfreunden auch ein kleines Spiel veranstalten und ihr zieht alle so viele Schichten wie möglich an, bis ihr euch nicht mehr bewegen könnt. Danach ist die Bewegungsfreiheit des Anoraks vermutlich kein Problem mehr.

Papa bittet Karl, sich den Anorak anzuziehen.

Karl weigert sich und nimmt die Softshelljacke mit dem roten Traktor.

Papa:
»Wenn du deinen Anorak nicht anziehst, können wir nicht raus.
Draußen sind Minusgrade.«

Karl zieht den Anorak an.

Karl zieht den Anorak nicht an.
»Mir ist in der Jacke nicht kalt.«

Papa:
»Gut, dann bleiben wir zu Hause.
Ich möchte nicht das du krank wirst.«

Karl:
»Ich will aber Schlitten fahren.«

Papa:
»Mit Anorak gehen wir Schlitten
fahren, ohne nicht.
Es ist deine Entscheidung.«

Karl zieht den Anorak an.

Karl zieht den Anorak nicht an
und muss zu Hause bleiben.

Papa:
»Ok, dann gehen wir, aber nur
solange bis du frierst.«

GESCHWISTER

Anna zu Sina: »Du bist so doof.«

Sina zu Anna: »Das sagt man nicht! Entschuldige dich!«

Anna zu Sina: »Tut mir leid, dass du so doof bist.«

Von »Geschwister sind das Schönste auf der Welt!« über »Geschwister nerven bis zum Erbrechen!« bis hin zu »Wäre ich bloß ein Einzelkind!« reicht die Palette dieser ganz besonderen Beziehung, die sich kein Mensch aussuchen kann. Die Kleinen werden in eine Familie mit oder ohne Geschwister hineingeboren, ob sie wollen oder nicht. Laut Statistischem Bundesamt von 2018 wachsen 75 Prozent aller Kinder mit mindestens einem Bruder oder einer Schwester auf. Für die kindliche Entwicklung ist dies sehr wohl förderlich. Die Kleinen bauen eine Beziehung auf, die unter anderem durch Liebe, Rivalität, Anpassung und Abgrenzung, Streiten und Kuscheln, Verbundenheit und Spaß gekennzeichnet ist. Wir als Eltern erfreuen uns besonders dann an den kleinen Lieblingen, wenn sie zufrieden miteinander spielen und wir eine kleine Auszeit bekommen. Schnell wird das Smartphone gezückt und ein Foto geschossen. Ein Bild für die Ewigkeit, denn wir wissen bereits, dass diese Harmonie nicht lange währen wird. An sich sind diese Streitereien ja nichts Negatives. Die Kleinen lernen, miteinander zu kommunizieren, sich aufeinander einzustellen, dem anderen zu helfen, ihre eigene Meinung auszudrücken und ihre Grenzen zu verteidigen, also alles Dinge, die im Erwachsenenleben eine Rolle spielen werden. Und sie lernen es spielerisch sowie unter Anleitung der Eltern, die ab und zu korrigierend eingreifen können. Und mal ganz ehrlich, hast du schon einmal einen Streit unter deinen Kindern beobachtet und dich nicht darüber amüsiert. Vor allem bei Kindern zwischen zwei und acht Jahren erkennst du dich selbst einfach irgendwann wieder. Nicht nur in Worten, oft auch in Gesten. Am Anfang war ich schon etwas erschrocken, aber mittlerweile kann ich aus diesen Diskussionen meine eigenen Handlungen hinterfragen. Die Kleinen sind oft auch sehr clever und unkonventionell in ihrer Streitkultur. Mich beeindruckt immer wieder, wie schnell ein Streit abgehakt wird und dann ist wieder Friede-Freude-Eierkuchen.

Jetzt möchte ich jedoch nicht abschweifen, sondern auf ein paar Fallbeispiele eingehen.

FALLBEISPIEL

Luis (4 Jahre) kann es nicht lassen, jeden Tag seinen Bruder Paul (6 Jahre) zu ärgern. Zimmertür auf, Luis setzt sich neben Paul, schaut beim Autobau (Lego) zu. Schwuppdiwupp, fehlen ein paar Legosteine. Paul bleibt cool. Schwuppdiwupp, fehlen wieder Legoteile. Paul ignoriert es. Schwuppdiwupp, nun greift Luis mit den Händen nach dem halbfertigen Auto. Paul verlangt seine Spielsachen zurück, hält Luis am Arm fest. Geschrei vom Jüngeren! Mama kommt. Doch wie sollte sie sich nun verhalten?

Vorschlag: Mama durchbricht den Streit. Sie setzt sich zwischen die Kinder und befragt beide nach ihrer Sicht der Dinge.

Luis verteidigt sich. Er wollte nur mitspielen, aber Paul lässt ihn nicht.Dann hat er sich selbst bedient.

Paul verteidigt sich ebenfalls. Luis habe ihn immer wieder geärgert und absichtlich die Legosteine geklaut. Er ist ruhig geblieben, wie Mama es ihm geraten hatte. Erst als er das Auto kaputt gemacht hat, habe er Luis am Arm festgehalten, um das Auto zurückzubekommen.

Mama schlägt eine Regel vor: Paul darf täglich eine halbe Stunde allein Lego spielen. Luis beschäftigt sich derweil anderweitig. Danach spielt Paul eine halbe Stunde zusammen mit Luis Lego. Gebaute Modelle von Paul dürfen allerdings nicht kaputt gemacht werden.

Konsequenzen bei Nichteinhaltung: Lässt Luis seinen Bruder nicht allein spielen, fällt die gemeinsame Legozeit aus. Macht Luis ein Modell kaputt, darf er nicht mehr mit Legosteinen spielen.

Dieses Beispiel zeigt eine Variante, in der sich die Mama die Situation von beiden schildern lässt. Und das ist unbedingt wichtig, denn oftmals überträgt man den älteren die Verantwortung über jüngere Geschwister, die sie gar nicht wahrnehmen können. Wenn ein Kind erstmal im Spiel versunken ist oder gerade eine super Idee hat, wird es sich nicht um die Geschwister kümmern. Dafür ist es einfach Kind und kein verantwortungsbewusster

Erwachsener. Viele Kinder haben in vergangenen Generationen Verantwortung tragen und mit den sich daraus ergebenden Konsequenzen leben müssen. Wenn etwas schief ging, wurden sie verantwortlich gemacht, egal ob sie Schuld daran hatten oder nicht. Als der/dem Ältesten wurde einem die unbeschwerte Kindheit sehr oft geraubt. Zum Glück wissen es Eltern heutzutage besser und bürden ihren Kindern solche Aufgaben nicht auf. Klar, ein wenig schauen, wenn Mama mal aufs Klo muss, das Essen kocht oder das Fenster putzt, ist drin. Denn diese Mutter weiß, dass sie dennoch ein Auge auf ihre Sprösslinge haben sollte. Paul wurde bei diesem Beispiel also nicht unter Generalverdacht gesetzt, denn vermutlich ist es der Mama nicht entgangen, dass der kleine Luis sehr gut sticheln kann. Nun ist das Problem bei Einhaltung der Regel oder Ausübung der Konsequenz erst einmal gelöst, doch Luis wird sich nicht zufriedengeben und nach einem anderen Betätigungsfeld Ausschau halten. Hier sollten die Eltern einfach wachsam sein. Daneben könnten sie die Ursache für Luis Verhalten suchen (Aufmerksamkeit, Neid, Eifersucht, ein Problem aus der Kita, das übertragen wird, etc.) und mit beiden Kindern in den Dialog treten, damit die Kinder im Familienverbund ihre persönliche Stelle finden. Das heißt beispielsweise, den jüngeren Kindern beizubringen, dass ältere Geschwister andere Dinge tun dürfen als sie selbst und dass jedes Kind seinen Freiraum braucht.

In diesem Fall hat die Mutter unterstützend eingegriffen, weil sich das Problem bereits über einen gewissen Zeitraum hinzog. Manchmal schaffen es die Kleinen allerdings selbst, ihre Schwierigkeiten zu lösen. Dann ist es sehr ratsam, nur zuzuschauen und abzuwarten. Es wäre sogar wichtig, die Kinder anzuleiten und zu motivieren, ihre Konflikte selbständig zu bewältigen. Natürlich ist die Hilfe der Eltern an mancher Stelle sinnvoll, aber je häufiger die Kleinen ihre Probleme allein lösen können, umso besser wirkt sich dies auf ihre Entwicklung, ihre Selbständigkeit und ihr Selbstvertrauen aus. Lediglich bei Handgreiflichkeiten und Aggressionen unter den Kindern besteht dringender Handlungsbedarf.

FALLBEISPIEL

Isabell (1,5 Jahre) macht immer wieder den Stapelturm ihres Bruders Matteo (3 Jahre) kaputt. Da Isabell mit ihren eineinhalb Jahren noch sehr klein ist, kann sie zwar die Folgen sehen oder spüren, zum Beispiel dass ihr Bruder traurig ist, sie versteht es jedoch nicht genau, denn das Hineinfühlen in andere Menschen wird sie erst später lernen. In diesem Fall hilft zum Beispiel die Ablenkung durch das Spielen mit dem Papa. Die zweite Möglichkeit des gemeinsamen Turmbaus von Matteo und Isabell würde die kleine Schwester mit einbeziehen, was ihr vermutlich auch gefällt. Hier sollte Matteo ein wenig Geduld haben und Isabell helfen. Du als Mama oder Papa hast ein persönliches Gespür, ob deine Kinder dieser Situation gewachsen wären oder weiterer Streit provoziert würde. Steht der Turm erst einmal, können sie zusammen umwerfen, was normalerweise Freude macht. Möchte Isabell den Turm lieber stehen lassen, kann der Papa darauf hinweisen, dass es Matteo vorhin ähnlich ging und er deshalb traurig war.

FALLBEISPIEL

Ben (3 Jahre) möchte solange aufbleiben wie seine großen Geschwister Marvin und Elena (7 Jahre). Jeden Abend gibt es nervenaufreibende Diskussionen. Bevor wir uns diesem Beispiel widmen, möchte ich einen Exkurs einfügen, um den Unterschied zwischen einem Dialog und einer Diskussion aufzuzeigen.

EXKURS

Unterschied zwischen Dialog und Diskussion

Zu Diskussionen kommt es in Haushalten mit Kindern ziemlich häufig, denn die Kleinen lieben dieses Machtgerangel ungemein. Sie wollen schließlich austesten, wie weit sie gehen können und ob sie am Ende nicht doch die Gewinner bleiben ... »Dann mach eben den Fernseher an!«, »Ach lass mich jetzt endlich in Ruhe und besuch deinen Freund!«. Diese Methode kann natürlich deine Nerven schonen und ist in manchen verzwickten Situationen durchaus eine Notlösung, aber eben auch nur eine Notlösung. Gibst du zu häufig nach, trauen sich die Kleinen noch mehr zu und reizen die Lage soweit aus, wie möglich. Ein Teufelskreis könnte entstehen, den du jedoch durchbrechen kannst, am besten frühzeitig. Ihren eigenen Willen entdecken Kinder mit etwa 2 Jahren (sogenannte Trotzphase). In diesem Alter helfen Dialoge noch nicht wirklich. Dafür sind sie einfach noch zu jung. Im Laufe des dritten und vierten Lebensjahres kann man viele Dinge, die die kleinen Lieblinge tun oder nicht tun sollen, mit Fantasiegeschichten verständlich machen. Mit etwa vier Jahren ist ein Kind dann soweit, dass es sich auf einen Dialog einlassen kann und Verständnis für Regeln zeigt.

Der Dialog ist eine geeignete Grundlage, Familienangelegenheiten zu besprechen, wie unterschiedliche Zubettgeh-Zeiten innerhalb einer Familie. Das Gespräch auf Augenhöhe sollte selbstverständlich außerhalb der »Kampfzeit« stattfinden, um eine erneute Diskussion zu unterbinden. Im Dialog können alle möglichen Themen besprochen werden. Die angenehme Atmosphäre, wenn alle Familienmitglieder sich zu einer »Konferenz« versammelt haben, unterstützt die Familie, einen Konsens zu finden. Hier können alle Probleme angesprochen und Fragen geklärt werden, die der Nachwuchs hat. Man kann gemeinsam Lösungen entwickeln, bei denen die Kinder ihre Sicht der Dinge einbringen können. Über Erfolge oder auch Nichterfolge kann ebenfalls in Ruhe geredet werden. So ein Dialog fördert nicht nur den souveränen Umgang mit Schwierigkeiten, woraus die Kleinen für ihr Leben lernen können, sondern auch die Gemeinschaft. Im Gegensatz dazu ist eine Diskussion in akuter Lage meist nur ein Hin- und Herschmeißen von Standpunkten, die sich widersprechen. Sie finden leider praktisch nie eine Basis, um das Problem zu beheben. Es wird vielmehr auf eine Katastrophe zugesteuert und kann nur mit einem Sieg und einer Niederlage enden. Wer als Sieger daraus hervorgeht, ist dabei unerheblich.

Deshalb ist es sehr ratsam in einer schwierigen Situation eine Diskussion möglichst zu vermeiden. Hinterher kann im Dialog darüber gesprochen und eine Lösung gesucht werden.

LÖSUNGSANSÄTZE FÜR BEN

- Erkläre in einem Dialog, dass ältere Kinder weniger Schlaf benötigen als jüngere und Erwachsene noch weniger (dreijähriges Kind: 12 bis 13 Stunden, siebenjähriges Kind: 9 bis 10 Stunden)

- Verpacke diese naturgegebene Zeit in eine Geschichte!

- Verbringe ein ganz persönliches Einschlaf-Ritual mit Ben, das die anderen nicht bekommen!

- Lass die großen Kinder ihren kleinen Bruder ins Bett bringen (z. B. Vorlesen aus einem Buch)!

- Falls die Großen gern noch lesen, lass sie auch ins Bett gehen und dort lesen!

Der letzte Punkt ist für den Anfang vielleicht die beste Lösung, weil Ben nun sieht, dass es den älteren Geschwistern ähnlich ergeht. Sie haben auch ihren Schlafanzug an und gehen ins Bett, dürfen aber das Licht anlassen, um sich noch etwas zu beschäftigen. Die zeitliche Verschiebung kann man auch deutlich machen, wenn die Großen erst nach Ben ins Bad gehen, weil er ja den Platz am Waschbecken braucht.

TEILEN

»Stopp! Hier beginnt meine Piratsphäre!«
Bruno (6 Jahre)

Das Teilen ist eine soziale Kompetenz, die unsere Kids erst erlernen müssen. Vor allem die Kleinsten geben nur ungern ihr Spielzeug aus der Hand und haben sie erst einmal deine Tupper-Schüsseln in der Küche entdeckt, dann sind diese einkassiert. Was ich als kleine Maus habe, hab' ich und das geb' ich nicht wieder her, basta! Da unsere Schützlinge im Laufe ihrer Kindheit jedoch das soziale Miteinander vertiefen, werden sie irgendwann auch teilen. Deshalb kannst du dieses Thema doch recht gelassen angehen. Schwieriger wird es meistens erst, wenn Geschwister oder andere Kinder ins Spiel kommen. Wenn beispielsweise, so verlockend, die Schokolade in der Hand am liebsten auch in den Mund der Schwester wandern möchte und diese nicht gerade zimperlich ist. Zack, Schokolade weg! So lernt man natürlich nicht teilen. Vielmehr sollten die Eltern darauf achten, dass die Schwester um die Schokolade bittet. Eine freiwillige Entscheidung ist auch für ein Kind sehr viel besser als die gewaltsame Wegnahme. Doch diese Situation kann geübt werden, immer wieder. Mama und Papa möchten vielleicht auch ein bisschen Süßes oder mit der Puppe schmusen oder Autos über den Ikea-Parkplatz fahren! Durch das Teilen erlernen die Kleinen, dass auf die Gemeinschaft Rücksicht genommen werden muss. Und wenn sie erst einmal freiwillig teilen, dann kann dies Glücksmomente in den Kindern auslösen und Stolz auf ihre Leistung.

FALLBEISPIEL

Frieda (5 Jahre) möchte auch mit dem Auto von Oskar (3 1/2 Jahre) spielen. Doch der stolze Autobesitzer denkt einfach nicht daran, es aus den Händen zu geben. Frieda bietet dafür sogar im Tausch ihr Lieblingspuzzle an, mit Autos drauf. Doch Oskar lässt sich nicht beirren. Frieda schimpft nun wie ein Rohrspatz und versucht das Auto zu bekommen. Oskar brüllt.

Mama kommt und bittet um Oskars Auto, um die Situation aufzulösen.

Sie bekommt das Auto und erkundigt sich, was los ist.

Oskar weigert sich, das Auto herzugeben.

Nun versucht sie mit Frieda eine Lösung zu finden, die beiden Kindern hilft.

Mama verspricht ihm, es nur zur Sicherheit aufzubewahren, bis der Streit gelöst ist.

Oskar weigert sich weiter.

Frieda entschuldigt sich für den Streit und fragt, ob sie abwechseln das Auto benutzen können. Schließlich gibt es noch viele andere.

Mama erzählt eine Fantasiegeschichte, da das Auto sich gerade ängstigt, weil beide so laut waren. Sie erzählt weiter, dass das Auto auch gern mal zu Frida möchte und dann wieder zu Oskar. Und außerdem, dass es so allein ist. Es möchte gern andere Autos um sich haben.

Beide Kinder entschuldigen sich beim Auto, holen weitere dazu und wechseln sich beim Spielen ab.

Mama teilt den Kindern die Konsequenzen mit, falls sie wieder streiten: Das Auto erhält Mama, damit es sich nicht ängstigen muss.

Sie bleibt noch ein wenig und beobachtet die Sache.

Du fragst dich zurecht, warum es keine Option gibt, falls Oskar das Auto auch nach der Fantasiegeschichte nicht abgibt. Aus meiner Erfahrung kann ich sagen, dass die Kleinen selten so stur sind. Schließlich haben sie auch zu Gegenständen eine persönliche Verbindung und wenn es dem Auto schlecht geht, wird ein Kind dafür sorgen, dass es wieder besser wird.

FALLBEISPIEL

Und dann kommen wir noch zu meinem Lieblingsthema, den Konflikten, die eigentlich nur in den Augen der Eltern welche sind. Lilly (4 Jahre) hat auf den Spielplatz ihren Puppenwagen mitgebracht. Mila (ebenfalls 4 Jahre) schaut neugierig von Weitem zu, wie Lilly ihre Puppe herausholt und zum Sandkasten trägt. Dann geht sie auf Lilly zu und setzt sich daneben. Mila versucht nun, die Puppe auch anzufassen. Lilly zieht ihre Puppe abrupt weg. In diesem Augenblick steht Milas Mama auf. Schon laut rufend: »Aber Mila, man nimmt anderen Kindern nichts weg! Du bist böse!« eilt sie zum Sandkasten. Währenddessen schaut Lilly das andere Mädchen an, denkt kurz nach und fragt, ob Mila die Puppe auch einmal nehmen möchte, dann könnte sie selbst einen Kuchen backen. Und noch bevor die aufgebrachte Mutter ihre Tochter erreicht hat, haben sich die Mädchen schon verständigt. Dieses Beispiel zeigt eindeutig, dass ein bisschen Gelassenheit auf keinen Fall schadet. Kinder verständigen sich durchaus selbst und nur, wenn die Situation tatsächlich zu einem Konflikt anwächst, sollten Erwachsene einschreiten.

Da es in diesem Abschnitt allerdings um Konfliktlösungen geht, möchte ich dasselbe Beispiel noch einmal nehmen und zeigen, was passieren kann, wenn Mila die Puppe unbedingt haben möchte und Lilly nicht zustimmt.

Die Puppe gehört Lilly und sie allein bestimmt in diesem Augenblick, ob sie diese einem fremden Kind überlässt.

Lilly gibt die Puppe weiter.

Lilly weigert sich.

Mila beginnt eine Diskussion.

Lilly weigert sich weiterhin

Mia schreit im Befehlston:
»Du gibst mir sofort die Puppe!«

Lilly ignoriert Mila und spielt weiter.

Lilly schreit zurück:
»Das ist meine Puppe!«

Lilly packt ihre Puppe in den Wagen und will nach Hause.

Mila reißt Lilly die Puppe aus dem Arm.
Lilly weint und ruft nach ihrer Mama.

Nun sind die Mütter gefragt, um den Konflikt zu beenden.

Milas Mama sollte ihrer Tochter beibringen fremde Grenzen zu akzeptieren.

Lillys Mama sollte ihrer Tochter vermitteln, dass sie richtig gehandelt hat und es ihre Puppe ist.
Doch sollte sie ihr auch erklären, dass die Sache in der Kita anders aussieht.
Dort sollte ein Kompromiss gefunden werden, damit alle mit dem Spielzeug spielen können.

Emma findet eine Pusteblume.

»Mama, pusten und was wünschen! Aber du musst dir wünschen, dass wir nachher Lego spielen. Alles andere funktioniert nicht.«

Du sitzt gerade drei Sekunden auf dem Balkon und versuchst, die letzten warmen Sonnenstrahlen dieses Frühlingstages einzufangen. Der Kaffee neben dir duftet so herrlich und dein Kopf macht sich gerade auf den Weg zu deinem Lieblingsort. Du kannst das Rauschen der Blätter in den Baumkronen schon hören ... Und plötzlich steht dein Kind neben dir: »Mama, ich will nicht allein spielen!« Och nö, es hätte so schön sein können, nur ein paar Minuten relaxen. Vor allem Eltern mit nur einem Kind kennen dieses Problem. Es ist schon verständlich, dass zu zweit spielen einfach mehr Spaß macht. Wie soll die Puppe denn antworten? Wer spielt bloß den Dieb, den ein Detektiv doch so dringend braucht? Wie soll man denn beim Obstgarten gewinnen, wenn nur ein Spieler da ist? Doch auch bei Familien mit mehreren Kindern ist der Bedarf des Mitspielens durch die Eltern gefragt. Und du wirst mir sicherlich zustimmen, dass gemeinsame Spiele etwas Wunderbares sind. Dennoch sollen Kinder lernen, sich allein zu beschäftigen und durchaus auch einmal Langeweile auszuhalten. Nach einer Studie der University of California soll Langeweile die Kreativität fördern. Und wenn du genau darüber nachdenkst, ist dir dieses Phänomen bestimmt schon einmal begegnet, entweder bei dir selbst oder bei deinen Kindern. Bist du nicht auch manchmal verblüfft, auf welche komischen Ideen die Kleinen kommen, wenn du sie auf ihr Zimmer geschickt hast? Na gut, manche Ideen sind eher haarsträubend und bringen mächtig Chaos in den Alltag. Aber genial, sind sie im Kern dennoch irgendwie. Also, liebe Eltern, überlasst euren Kindern gern einmal der Langeweile!

FALLBEISPIEL

Samira (3 Jahre) möchte mit ihrer schwangeren Mama spielen. Diese muss sich nach einem anstrengenden Tag ausruhen. Bis Papa kommt, dauert es noch eine halbe Stunde. Wie könntest du sie nun dazu bringen, sich ein wenig selbst zu beschäftigen?

- Bestimme zwei oder drei verschiedene Spiele, die Samira machen soll, gern auch hintereinander (z. B. Domino – kann man durchaus allein spielen –, Lotto, Puzzle)! Das Ergebnis lässt du dir zeigen.

- Bitte Samira darum, ein schönes Bild zu malen (vielleicht für das Baby), etwas zu kneten oder etwas ganz Leckeres zu kochen, in der Kinderküche versteht sich. (»Eine gesunde Suppe, die Mama wieder auf die Beine bringt, dauert solange, bis der Wecker klingelt!«)

- Viele Kinder übernehmen gern kleine Aufgabe. Lass dir die Füße »massieren« oder eincremen, eine Geschichte erzählen, den Tisch für das Abendessen decken (Geschirr steht dafür schon bereit), etc.!

- Mach ihr eine CD an (mit Kinderliedern oder einer Geschichte)!

- Lass sie eine altersgerechte Sendung anschauen (TV, Tablet etc.)!

- Vereinbare eine überschaubare »Allein-Spielzeit«, die ein Kurzzeitwecker beendet!

Es ist bei diesen Angeboten natürlich nicht ausgeschlossen, dass Samira immer wieder auftaucht und die Mama stört. Wenn du deine kurze Auszeit wirklich entspannt erleben möchtest, sollte Samira von klein auf an eine selbständige Spielzeit gewöhnt werden, durchaus als Regel, z. B. 15 Minuten allein spielen.

Bei Nichteinhaltung wird zuvor verabredet, dass Mama den Kurzzeitwecker wieder zurückdreht und die Zeit von vorn beginnt.

Hat ein Kind das selbständige Spielen für sich entdeckt, kann es beim Spielen ganz schön tief in seine eigene Welt eintauchen und im Flow versinken.

EXKURS

Flow

Sicherlich hast du schon einmal dein Kind dabei beobachtet, wie es während des Spielens regelrecht in Trance gerät. Es schiebt seine Spielfiguren hin und her, baut einen besonders hohen Turm oder bäckt einen Sandkuchen nach dem anderen. Dabei wirkt es wie in einer anderen Welt. Es erzählt Geschichten oder lässt Figuren mit verstellter Stimme reden. Oft sind Kinder während ihres Tuns nicht einmal ansprechbar. Ruft man sie bei ihrem Namen, setzen sie ihre Tätigkeit unbeirrt fort, als hätten sie Mama oder Papa einfach nicht gehört. Und das ist auch so! Denn Kinder, die sich intensiv mit einer Sache beschäftigen, spielen nicht einfach – sie sind das Spiel. Befindet sich dein Kind in einem solchen Zustand, so nennt man dies Flow-Erlebnis. Als Flow bezeichnet man in der Psychologie einen tranceartigen Zustand, in dem man zutiefst konzentriert ist und dabei pures Glück empfindet. Man geht vollends in seinem Tun auf und ist blind und taub für alle Einwirkungen von außen. Ein Kind, das im Flow ist, tut gerade das, was seinem momentanen Geistes- und Entwicklungszustand entspricht.

Der Psychologe S. A. Warwitz beschrieb den Flow folgendermaßen: Das »Urbild des Menschen im Flow ist das spielende Kind, das sich im glückseligen Zustand des Bei-sich-Seins befindet.« Laut Warwitz zeichnet sich der Flow durch die folgenden Merkmale aus:

Das Spiel liegt mit dem Kind genau auf Augenhöhe, das heißt, dein Kind wird nicht unter- oder überfordert.

- Das Kind lässt sich nicht ablenken und ist komplett fokussiert auf sein Tun, welches in seinem nahen Umfeld abläuft.

- Ein Kind erhält auf jede Handlung sofort eine Rückmeldung, d.h. es erlebt Erfolge und Niederlagen, die jedoch bezwingbar sind.

- Die Außenwelt wird vollständig ausgeblendet, so dass dein Kind weder auf dein Rufen noch auf andere Zwischenmeldungen reagiert.

- Dein Kind hat ein anderes Zeitgefühl; Vergangenheit und Zukunft existieren nicht, sondern nur der gegenwärtige Augenblick.

Es muss (und sollte auch nicht!) für sein Handeln gelobt werden, denn es belohnt sich durch den Flow selbst.

Was bedeutet das für dein Kind? In erster Linie bedeutet es das Gebot, das intensiv spielende Kind möglichst niemals zu unterbrechen. Nicht alle, aber viele Dinge, die nun getan werden sollten, können warten. Das heißt selbstverständlich nicht, dass du den dringenden Arzttermin verschieben solltest. Manchmal lässt sich eine Unterbrechung eben nicht vermeiden. Doch muss unbedingt jetzt aufgeräumt werden? Kann man das Kinderturnen nicht ausnahmsweise ausfallen lassen? Und warum nicht mit der soeben eingetroffenen Oma noch im Wohnzimmer in Ruhe einen Kaffee trinken und dabei ein Erwachsenengespräch führen, ehe sie das Kind begrüßt?

In welchem Zusammenhang stehen nun das Flow-Erlebnis und der Begriff der »kindlichen Arbeit«? Die 1870 geborene Ärztin und Reformpädagogin Maria Montessori hat beschrieben, dass ein spielendes Kind nicht einfach »nur« spielt – es bildet sich dabei selbst. Ob es sich mit höherer Mathematik beschäftigt, mit der Anatomie von Käfern oder mit bunten Bauklötzen, spielt dabei keine Rolle. Montessoris Annahmen fußen auf dem Grundsatz, dass ein Kind sogenannte »sensible Phasen« durchläuft: Ein Kind weiß zu jeder Zeit, was es für seinen jeweiligen Entwicklungsstand braucht, und beschäftigt sich automatisch mit den Dingen, die seine Bildung vorantreiben. Dabei verknüpft es sein Ich mit den weltlichen Tätigkeiten und geht vollends darin auf – eine unglaubliche kognitive Leistung! Allerdings darf die Arbeit des Kindes nicht verwechselt werden mit der Arbeit der Erwachsenen, denn diese verbinden damit stets Effizienz und Leistung. Das Kind spielt nicht, um etwas zu erreichen, sondern schlicht und ergreifend um zu spielen. Der Bildungsprozess geschieht ganz nebenbei. Dein Kind spielt also nicht einfach nur, auch wenn es den Anschein hat – es arbeitet, es übt auch für später. Im Flow verarbeitet es einerseits Dinge, die es erlebt hat, und verinnerlicht andererseits Dinge, die es für sein späteres Leben braucht. Es setzt all seine Sinne ein, um sich zu entwickeln.

FERNSEHEN UND MEDIEN

Mia (5 Jahre), nachdem sie nicht fernsehen durfte, sagt trotzig zu ihren Eltern:

»Wenn ihr alt seid und ich mich um euch kümmern muss, verbiete ich euch auch das Fernsehen!«

Laut der Kinder Medien Studie von 2019 sind unsere Kinder nicht nur Fernseh-Couch-Potatos, sondern nutzen mehrmals wöchentlich Printmedien, wie Bücher und Zeitschriften (Dreiviertel aller befragten Kinder), hören Musik, Radio, Hörspiele und Hörgeschichten (90 Prozent). Natürlich schauen 94 Prozent der Kinder auch Filme, Serien und Fernsehsendungen, doch im Vergleich zu den anderen Medien haben sie keine wirkliche Sonderstellung. Dabei bestimmt nur etwa die Hälfte aller Kinder ihr Fernsehprogramm selbst. Die Studie zeigt auch, dass neben dem Medienkonsum Freunde, Familie und das Spielen sehr hoch bewertet werden. Immerhin sind 83 Prozent an der frischen Luft aktiv, nahezu täglich! Da die Kinder Medien Studie Kinder bis zu dreizehn Jahren einbezogen hat, die altersentsprechend viel mehr selbst entscheiden dürfen, sieht das Ergebnis für die jüngeren Kinder noch viel positiver aus. Wenn im Durchschnitt 48 Prozent das Fernsehprogramm selbst wählen dürfen, sind das augenscheinlich ältere Kinder und die Kleinsten werden durch ihre Eltern sanft herangeführt. Ein gut gemischter Alltag mit Zeiten, die draußen verbracht werden, sowie mit Zeiten zum Spielen, Basteln, Musik und Geschichtenhören, Lesen, Bilderbücher Anschauen und zum Fernsehen, bietet den Kleinen alle wichtigen Bereiche, die ihre Entwicklung fördern können. Und auch wenn der Nachwuchs weiß, dass Sendungen und Filme nicht unbegrenzt angeschaut werden dürfen, so gibt es doch immer wieder Konflikte, weil die seichte Berieselung so wunderbar bequem ist.

Hast du einen kleinen Yogi daheim, solltest du besonders auf den Fernsehkonsum achten, denn wenn er sich einmal daran gewöhnt hat, wird es schwer, ihn aus seiner phlegmatischen Haltung herauszuholen. Wenn schon TV, dann könnte ihm eine Mitmach-Sendung mit sportlichen Bewegungen (Tanzen) guttun. Dem Philosophen liegen Programme, bei denen es um Wissen geht, wie die »Sendung mit der Maus« oder »Löwenzahn«. Ein Wirbelwind kann beim Fernsehen durchaus lernen, stillzusitzen und seine Aufmerksamkeit auf die Sendung zu lenken. Je nachdem, was du ihm anbietest, wird er einiges ausprobieren oder sich in die Figuren und die Geschichte hineinversetzen. Bedenke deshalb, was du deinem Kind heraussuchst, denn mit einem Michel aus Lönneberga wird es turbulent im Haus. Dem kleinen Sturkopf mit seinem hohen Energielevel wird zu langes Fernsehen nicht guttun. Seine Energiereserven müssen möglichst gut verbraucht werden. Tanzsendungen oder Sport-Videos für Kinder wären eine sinnvolle Alternative. Auch er wird gern seine Helden aus den Sendungen nachahmen, weshalb sich das Austoben in dieser Richtung, am besten draußen und direkt nach dem Fernsehen, anbietet.

FALLBEISPIEL

Samuel (5 Jahre) schaut fern. Sein Papa möchte nun mit ihm in den nahegelegenen Wald gehen. Doch Samuel möchte weiter fernsehen. »Es ist gerade so spannend, Papa! Ich komme erst, wenn die Sendung aus!« In diesem Fall hast du wieder mehrere Möglichkeiten, die Situation zu bewältigen:

- Samuel schaut erst seit zwanzig Minuten und die Sendung ist in fünf bis zehn Minuten beendet. Warum also solltest du dich nicht dazu setzen und solange ebenfalls schauen? Wenn Samuel in vielen anderen Dingen sehr kooperativ ist und sein »Versprechen« halten wird, spricht nichts dagegen, das Ende der Sendung abzuwarten.

- Samuel bietet an, schnell aufs Klo zu gehen und sich bereits während des Fernsehens anzuziehen. Ich denke, das ist auch machbar. Ein Kind möchte schließlich das Spannendste nicht verpassen.

- Vielleicht gibt es einen Wecker, der die Zeit des Fernsehens begrenzt (Regel in dieser Familie). Bis er klingelt, solltest du mit dem Spaziergang warten oder die noch ausstehende Zeit für den nächsten Tag als Bonus ankündigen.

- Samuel schaut schon viel zu lange und das Hinauszögern ist seine Masche. Hier ist auf jeden Fall ein Einschreiten notwendig. Das Fernsehen wird vom Papa beendet und es geht in den Wald. Nun wird sich Samuel vermutlich in ein wütendes kleines Monster verwandeln. Der Papa sollte darauf bestehen, dass Samuel sich anzieht (siehe Abschnitt »Anziehen«, Seite 111). Zur Not muss er in Hausschuhen in den Wald. Beim Spaziergang könnte der Papa das Problem ansprechen und später im Familienverbund eine neue Medien-Regel aufstellen, die eine zeitliche Begrenzung oder nur das Schauen einer Lieblingssendung vorsieht.

FALLBEISPIEL

Der Fernseher läuft seit einer Dreiviertelstunde. Gerade fängt ihre Lieblingssendung an und ausgerechnet jetzt soll für Selina (4 Jahre) Schluss sein. Solch eine Situation kannst du eigentlich vermeiden. Mit dem regelmäßigen Blick in das TV-Programm kannst du die Sendezeit herausfinden und das Fernsehen auf diese Zeit legen. Fehlt dir die Zeit dafür, dann könnte das auch dein Partner übernehmen. Mittlerweile ist doch alles sehr schnell und unkompliziert mit dem Smartphone zu erledigen. Manchmal ändern die TV-Sender ihr Programm und dann kann es natürlich dazu kommen, dass die Lieblingssendung gerade nicht läuft. Dann solltest du nachsehen, was los ist, die Sendung zu einem anderen Zeitpunkt anschalten oder mit Selina vereinbaren, dass sie heute etwas anderes schaut. Viele Serien gibt es mittlerweile auch auf anderen Kanälen (u.a. Mediatheken, Streamingdienste).

Nun möchte ich noch schnell eine Lösung anbieten, falls Selina vor dem Fernseher »geparkt« wurde, weil du vielleicht dringend etwas erledigen musstest und deine kleine Hilfe nur im Weg gestanden wäre oder weil du eine Auszeit brauchtest und du nicht bis zur Lieblingssendung warten konntest. Das ist definitiv kein Vorwurf, denn auch ich habe davon schon Gebrauch gemacht. Manchmal geht es einfach nicht anders. Wenn die Migräne ganz laut und deutlich und mit ziemlich viel Gewummer anklopft, dann kann der Fernseher durchaus ein Rettungsanker sein. Vielleicht machst du es dir neben Selina gemütlich und ruhst dich noch etwas aus. Zwei Kakao für euch, das wäre doch was ... Es ist schließlich eine Ausnahme. Oder du schaltest den Fernseher ab. Punkt. Keine Diskussion, die Zeit ist einfach überschritten. Wenn die Konsequenz bei Nichteinhaltung fernsehfrei am nächsten Tag bedeutet, könnte Selina selbst entscheiden. Dann bleibt am nächsten Tag der Fernseher aber tatsächlich aus.

FALLBEISPIEL

Manuel (6 Jahre) hat von seinem Freund gehört, dass dieser abends, direkt vorm Zubettgehen noch fernsieht. Es gäbe da eine ganz tolle Sendung. Er möchte das auch!

Manuels Eltern sind aufgeschlossen und besprechen das Thema mit ihm (ohne kategorische Ablehnung). Sie machen deutlich, dass Kinder schlechter schlafen, wenn sie kurz zuvor noch ferngesehen haben.

Manuel möchte es trotzdem ausprobieren.

Die Eltern willigen unter der Bedingung ein, sein Schlafverhalten und morgendliche Munterkeit zu beobachten und genehmigen eine halbe Stunde.

*Nach etwa zwei Wochen stellt Manuel selbst fest, dass die Sendung eigentlich » voll der Blödsinn« ist und der manchmal von den Gestalten träumt. Er möchte stattdessen wieder eine Geschichte vorgelesen bekommen.**

Manuel findet es weiterhin cool fernzusehen! Die Eltern sprechen mit ihrem Sohn. Manuel gibt zu, morgens müder zu sein als sonst. Sie entscheiden gemeinsam, das Fernsehen vor dem Schlafengehen zu beenden.

Manuel möchte unbedingt weiterhin fernsehen, auch wenn er morgens unausgeschlafen ist. Die Eltern greifen ein und unterbinden das Fernsehen.

*Der 6-jährige Junge durfte dank Unterstützung seiner Eltern selbst an sich erfahren, wie das Fernsehen wirken kann und traf eine kluge Entscheidung.

KINDERGARTEN

Beim Verabschieden im Kindergarten sagt Mats zu seiner Mama: »Tschüss, Mama, und putz nicht so viel.«

Sobald die Kleinen in die Kita gehen, kommt auf viele Eltern ein Problem zu. Es gibt wohl kaum ein Kind, dass nicht in irgendeiner Hinsicht Schwierigkeiten hat. Für viele kleine Mäuse ist vor allem der Beginn der Kita-Zeit eine große Barriere, die viel Mut erfordert. Falls dich dieses Thema sofort interessiert, blättere bitte weiter bis zu Kapitel 6, Seite 189. Hier kommen wir zu den Problemen, die im Laufe des Kindergartenalltags auftreten können, wenn etwa der junge Mann morgens verkündet, er hat heute Homeoffice und bleibt wie Mama Zuhause. Wie reagierst du auf diese Überraschung? Freust du dich und nimmst die Herausforderung an, gemeinsam einen Tag im »Büro« zu verbringen? Je nachdem, wie viele Stunden deine Arbeitszeit umfasst und dein Termindruck gerade ist, könnte diese Idee durchaus einmal im halben Jahr praktiziert werden. Oder passt das heute so gar nicht in deine Planung, aber vielleicht ein anderes Mal? Oder ist dies überhaupt nicht machbar? Dann könntest du einen Urlaubstag dafür nutzen, um mit deinem Kind Büroalltag zu spielen. Und sollte dein Kleines einmal krank sein, dann weiß es ganz gut, was du zwei Türen weiter machst, während es im Bett bleiben soll und eine Hörgeschichte lauscht.

Beginnen wir mit einem Beispiel.

FALLBEISPIEL

Tilda (4 Jahre) geht seit zwei Jahren in die Kita und wurde bisher immer vor dem Mittagessen abgeholt. Mamas Arbeitszeit ist seit drei Wochen aufgestockt worden, sodass Tilda nun erst am Nachmittag nach Hause darf. Jeden Tag beginnt sie ein Geschrei, wenn Mama endlich kommt. In der folgenden Grafik sind drei mögliche Reaktionen der Mutter aufgeführt. Hast du in einer ähnlichen Situation nicht den ersten Weg gewählt, so könnte es Schwierigkeiten gegeben haben. Ich würde dir empfehlen, den ersten Weg auszuprobieren. Dieser beinhaltet die Gleichwertigkeit von Beruf und Kita. Das Mädchen ist also nicht nur zum Spaß im Kindergarten, sondern hat dort eine wichtige Aufgabe zu erfüllen, die für die Familie von großer Bedeutung ist. Für Tilda bedeutet dies auch, dass sich ihre Aufgabe entsprechend ihrem Alter vergrößert hat. Sie kann nun noch mehr für einen gut funktionierenden Familienalltag beisteuern.

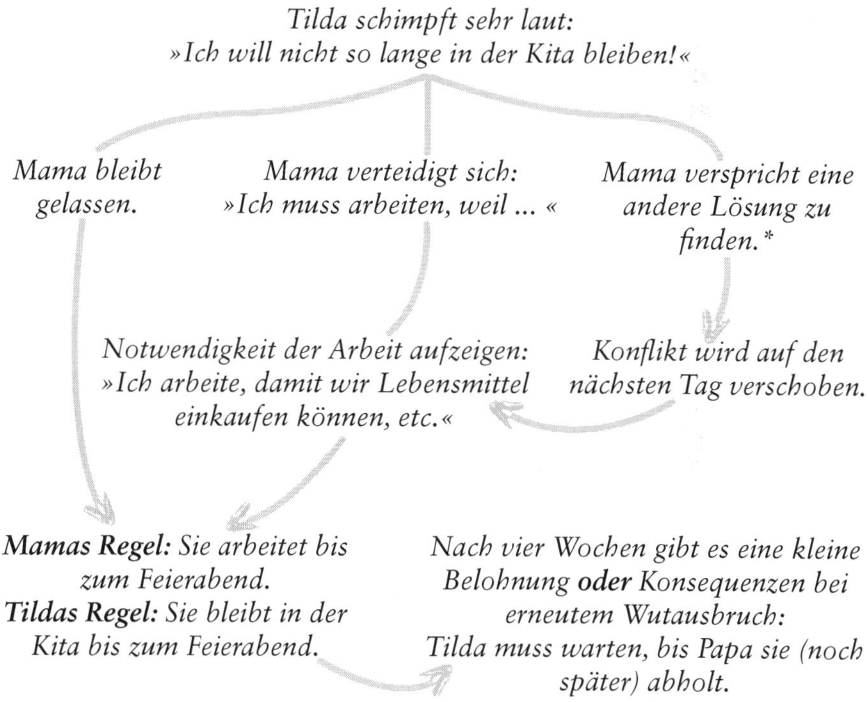

*Dies ist kein Trost! Nur dann aussprechen, wenn es eine Lösung gibt (z.B. Oma holt das Kind früher ab.)

FALLBEISPIEL

Joshua (3 Jahre), ein kleiner Wirbelwind, hat so viel Spaß in der Kita, dass er einfach nicht abgeholt werden möchte. Egal, ob Mama oder Papa am Nachmittag im Kindergarten eintreffen, er weigert sich strikt, mit nach Hause zu gehen. Auf der einen Seite zeigt dieses Beispiel, wie aufgehoben sich Kinder in der Kita fühlen können. Auf der anderen Seite ist dieses Losreißen von der Begeisterung für die Eltern natürlich ein Problem. Hier würde ich empfehlen, zunächst nach tieferen Gründen zu suchen, die man gezielt angehen könnte.

Joshua möchte nicht vom Kindergarten abgeholt werden.

Analyse der möglichen Ursachen	**Lösungsansätze**
Joshuas Freund wird erst in einer halben Stunde abgeholt und dann würde auch Joshua selbst gar keine Schwierigkeiten mehr machen.	*Joshua später abholen.*
Er kann sich von seinen Lieblingsspielsachen nicht trennen (inkl. Außengelände)	*Ein oder zwei von Joshuas Lieblingsspielsachen für Zuhause besorgen. Auf einen Spielplatz gehen.*
Joshua gefällt die große Gemeinschaft so sehr (beim essen, Spielen, Singen...)?	*Einmal wöchentlich für eine große Gemeinschaft sorgen (Freund von Joshua, Großeltern, Verwandte etc.) einladen.*
Joshua liebt seine/n Erzieher/in. Darf bei ihm/ihr vielleicht auf dem Schoß sitzen, beim Essen.	*Bei Verstöße gegen die heimischen Regeln, die Kita darauf aufmerksam machen. Bei positiven Handlungen (ganz oft anlächeln), diese Zuhause nachmachen oder auf ganz persönliche Besonderheiten hinweisen (Kuscheln am Nachmittag, Kuss beim Abschied).*

Wie im ersten Beispiel ist es auch hier möglich vom Feierabend zu sprechen, den die Familie nutzen möchte, um miteinander Zeit zu verbringen. Vielleicht kannst du dir ein schönes Ritual einfallen lassen, dass die Trennung von der Kita erleichtert. Joshua mit seinen drei Jahren wird eine Fantasiegeschichte mögen, etwa so: Joshua hat ein ganz eigenes Kita-Mäntelchen (Umhang etc.), das unsichtbar ist und jeden Morgen übergestülpt wird. Es schützt das Kind vor größeren Unfällen. Dafür braucht es ausreichend Energie, die im Laufe des Tages schwindet. Mama und Papa bekommen Bescheid, wann das Mäntelchen müde ist und sich für den nächsten Tag ausruhen muss. Sofort eilt ein Elternteil herbei und holt Joshua ab. Das Mäntelchen wird ausgezogen und an den Haken gehangen, damit es nun in Ruhe schlafen kann…

FALLBEISPIEL

Lenny (4 Jahre), ein kleiner Yogi, ist nach einem langen Tag erschöpft und möchte von Papa getragen werden. Seinem Temperament zufolge möchte der kleine Mann gern entlastet werden, weshalb hier etwas Fingerspitzengefühl notwendig ist. Ein Tag in der Kita kann durchaus anstrengend sein, erst recht, wenn viele sportliche Aktivitäten dabei waren. Da schleppen wir Eltern uns auch manchmal dahin, als wäre die Rente schon greifbar. Mit deinem Bauchgefühl kannst du explizit entscheiden, ob eine Ausnahme an Tagen machbar ist, an denen Lenny wirklich erschöpft ist. Meist beschränkt sich dies auf sehr heiße Sommertage oder einen langen Wandertag. In allen anderen Fällen sollte Lenny wissen, dass ihr gemeinsam gehen müsst, denn am Tor muss Papa dabei sein, weil Lenny es allein nicht öffnen kann. Hilfreich bei Yogis können aufmunternde Kommentare sein, wie

- »Ich freue mich schon auf Zuhause. Mama hat einen leckeren Kuchen gebacken« (Yogis lieben Essen!).
- »Ich finde es so schön, dass wir Zwei jetzt zusammen spazieren gehen.«
- »Komm, wir laufen heute mal ganz lustig, im Zickzack oder wie Pinguine.«
- »Komm, Lenny, du darfst den Autoschlüssel tragen und das Auto aufschließen.« (Yogis können mit kleinen Aufgaben unterstützt werden!)

Sollte Lenny nicht kommen, nimmst du ihn an die Hand und ziehst ihn vorsichtig mit. Du darfst nur eines nicht, ihn hetzen! Dann zieht er sich noch mehr in sich zurück.

STRAßENVERKEHR

Polizei: »Papiere, bitte!«

Kind auf dem Rücksitz:
»Mama! Du musst Schere sagen, dann hast du gewonnen!«

Im Gegensatz zu vielen anderen Bereichen müssen die Eltern beim Thema Straßenverkehr sehr deutlich Grenzen setzen, um Gefahren zu vermeiden. Aus diesem Grund gibt es selten Kompromisse und die Kleinen lernen hier scheinbar am besten, mit Grenzen umzugehen. Das liegt natürlich daran, dass wir unsere Kinder konsequent anleiten, sich richtig zu verhalten. Sie müssen in jungen Jahren an der Hand laufen, dürfen erst die Straße überqueren, wenn sie nach links, rechts und links geschaut haben oder sollen Überwege mit einer Ampel bzw. einen Zebrastreifen benutzen. Die Regeln im Straßenverkehr sind überall gleich, ob die Kita einen Ausflug macht, Oma mit den Enkelkindern Bus fährt oder die Eltern mit ihren Kids einen Spaziergang durch ihr Wohnviertel machen. Für die Kleinen ist die Umsetzung dadurch leichter, denn es gibt einfach keine Diskussionen und Ausnahmen, sowohl bei den Regeln als auch bei der strikten Überwachung dieser Regeln. Solltest du in anderen Bereichen Probleme mit der Setzung und Übertretung von Grenzen haben, so kannst du dich hieran orientieren. Denn ich bin mir sicher, dass du auch im Straßenverkehr ein besonderes Augenmerk auf die Regeleinhaltung legst.

FALLBEISPIEL

Carlotta (3 Jahre) rennt während eines Spaziergangs einfach auf die Straße. Auf dem Nachhauseweg wird sie von ihrer Mama an der Hand gehalten, etwas fester als bisher. Carlotta weint, weil ihr das weh tut. Aber Mama ist so schockiert, dass sie heute auf keinen Fall die Hand ihrer Tochter wieder loslassen wird.

Carlotta rennt auf die Straße

Ein Familiengespräch am Abend soll die Situation klären und eine Lösung bringen.

- *Warum ist Carlotta losgerannt?*
  (Spaß, sah keine Gefahr, war abgelenkt, hat etwas auf der Straße gesehen, ist schon groß genug um allein zu gehen, ...)

- *Carlotta über die Gefahren aufklären*

- *Mama entschuldigt sich für das feste Halten*

- *Regeln aufstellen, die das Kind unterstützend begleitet*

Mögliche Regeln:

- *Verkehrserziehung durch die Eltern, auf besondere Gefahren hinweisen.*

- *selbstständiges Laufen immer wieder üben - bei »Stopp!« muss Carlotta sofort stehen bleiben*

- *laufen an Mamas oder Papas Hand bis »Stopp-Regel« funktioniert*

- *allein laufen, wenn Carlotta neben den Eltern geht (Innensseite vom Gehweg), nicht vor oder hinter ihnen*

- *Laufen an einer Leine (habe ich schon beobachtet, ist aber nicht jedermanns Sache)*

Mögliche Konsequenzen bei Grenzüberschreitung:

- *Carlotta muss an eine Hand der Eltern!*

- *Sie wird in den Buggy gesetzt und darf nicht mehr laufen.*
  (Vorsicht bei lauffaulen Kindern!)

Sie darf jederzeit beweisen, dass sie ab sofort allein laufen kann und bei den Eltern bleibt.

FALLBEISPIEL

Moritz (4 Jahre) fährt mit seinem Laufrad zu wild zwischen Spaziergängern herum. Papa, der einen Kinderwagen schiebt, schreit »Stopp!«, doch Sohnemann fährt unberührt weiter. Erst an einer Straße bleibt er stehen. Die für mich einfachste und effektivste Möglichkeit einer Reaktion ist die »Beschlagnahmung« des Laufrads, auch wenn dies mit Kinderwagen schwierig zu bewerkstelligen ist.

Moritz fährt nicht angemessen Laufrad.

Papa erklärt Moritz die Situation. *Er darf nur weiterfahren, wenn er einen großen Bogen um die Menschen macht und sofort stehen bleibt, falls Papa »Stopp« ruft.*

Papa ruft »Stopp!«, weil Moritz wieder zu nah an Leuten vorbeifährt.

Moritz fährt weiter und bleibt kurz darauf stehen.

Moritz bleibt stehen.

Papa kassiert das Laufrad. *Moritz muss sich am Kinderwagen festhalten und zu Fuß weiter gehen.*

Papa ermahnt Moritz ein ***letztes*** *Mal und zeigt ihm am Kinderwagen, wie weit er beim Überholen ausholen muss.*

Moritz fährt immer noch zu wild.

Moritz fährt nun richtig.

»Gell, Mama. Über die dicke Frau da reden wir erst, wenn wir wieder zuhause sind.«
Josina (4 Jahre) an der Supermarktkasse.

Ein bisschen hält sich die Horrorvorstellung schreiender und sich auf den Boden wälzender Kinderscharen vor den Supermarktkassen mit ihren verführerisch präsentierten Süßigkeiten hartnäckig. Aber mal ganz ehrlich, wie oft hast du solche Szenen miterlebt bzw. mit deinem Nachwuchs durchgemacht? Ich sehe beim Einkaufen äußerst selten ein wütendes Kind, das seine Eltern von der dringenden Notwendigkeit einer Schokolade überzeugen muss. In den meisten Fällen reicht ein Nein der Eltern und schon fügen sich die Kleinen. Ist das nicht großartig? Ich glaube, dass in der modernen Erziehung mit den Kleinen sehr bewusst über die Gesundheit von Lebensmitteln gesprochen wird und die Kinder zwar nicht allzu häufig, aber dennoch regelmäßig und kontrolliert Süßigkeiten essen dürfen. So wird das Bedürfnis der Kinder in einem überschaubaren Rahmen gestillt. Wir wollen dieses Beispiel dennoch kurz ansprechen, denn die Kleinen betteln auch schon mal wegen einer Zeitschrift, einem kleinen Spielzeug oder Ähnlichem.

FALLBEISPIEL

Rosalie (2 Jahre) und Janne (4 Jahre) sind mit Mama einkaufen. Janne entdeckt ein cooles Matchbox-Auto und will es unbedingt haben. Er schreit. Rosalie beginnt zu weinen. Sollte deine Zündschnur schon ziemlich weit abgebrannt sein, so hilft wieder nur durchatmen und nachdenken. Versuche möglichst immer, die wenigen, aber wichtigen Sekunden abzuwarten, die das Feuer ausgehen lassen und für eine angemessene Reaktion sorgen. Auch wenn der halbe Supermarkt zuschaut, bleib ruhig und gelassen. Deine Zuschauer warten nur darauf, dass auch du laut wirst. Stattdessen kannst du deine Optionen kurz durchgehen und dich für diejenige entscheiden, die du für richtig hältst (entsprechend deiner Verfassung, des Wutpotentials deines Kindes, der Zeit etc.). Die folgende Grafik zeigt drei mögliche Lösungen, wobei die linke Seite nur im Notfall angewendet werden sollte. (Bedenke den Wiederholungseffekt für den nächsten Einkauf!)

Janne schreit, Rosalie weint.

Mama legt das Auto in den Wagen und tröstet Rosalie.

Janne sucht nun auch ein Spielzeug für Rosalie.

Mama kauft auch das.

Mama beharrt auf der Regel: ***»Es gibt keine Extras.«***

Janne tobt weiter. Mama tröstet Rosalie.

Mama: »Wir gehen weiter.«

Janne bleibt stur, geht nicht mit.

Mama bricht den Einkauf ab. »Dann können wir heute nicht einkaufen, auch nicht dein Müsli, Janne.«

Janne geht nun doch mit, ***ohne Auto.***

Der Einkauf wird ***abgebrochen.***

Mama begibt sich auf Augenhöhe und versucht, Janne zu beschwichtigen: »Bestell dieses Auto beim Nikolaus, zum Geburtstag, Ostern etc.«

Janne lässt sich auf diese Lösung ein.

Janne tobt weiter. Mama tröstet Rosalie.

Anregung

Besprich bzw. stelle mit deinen Kindern vor dem Gang zum Supermarkt eure Einkaufsliste zusammen. So wissen die Kleinen genau, welche Artikel im Wagen landen sollen und welche nicht. Steht das Matchbox-Auto nicht darauf, wird es auch nicht mitgenommen. So kannst Du selbst die Kasse mit den Verführungen gut umschiffen. Sind die Kinder schon älter und bekommen ihr erstes Taschengeld, dann ist es durchaus ratsam, dass sie tatsächlich selbst entscheiden dürfen, was sie kaufen. Dann ist das Auto nach einigem Sparen drin. Sollte das Kind nur Süßigkeiten kaufen, kannst du dies bei deinem Einkauf berücksichtigen und selbst weniger einpacken. Wenn das Einkaufen gut funktioniert, kann es dann auch ab und zu eine Belohnung für die Kleinen geben.

EXKURS

Lob in der Erziehung – warum man es kritisch sehen sollte

»Super gemacht!«, schallt es häufig über den Spielplatz, wenn ein Kind zum ersten Mal das Klettergerüst erobert, die riesige Rutsche bezwungen oder einen gelungenen Sandkuchen gebacken hat. Für die meisten Eltern gehört das Loben zur Erziehung dazu. Schließlich ist man zu Recht stolz, wenn der eigene Spross eine Leistung vollbracht hat. Doch kann ein Lob auch Schaden anrichten – und ich möchte nachfolgend beleuchten, wieso. Grundsätzlich unterscheidet man zwei Formen der Motivation: die intrinsische und die extrinsische. Während die erste Form dem Menschen einen Antrieb von innen heraus gibt, muss auf die zweite Form irgendeine Art von Belohnung erfolgen. Folgendes Beispiel soll dies verdeutlichen: Die fünfjährige Gabriela liebt es, zu malen. Jeden Tag setzt sie sich an den Tisch und malt ein Bild nach dem anderen. Sie liebt das Geräusch der kratzenden Stifte, sie liebt es, ihre Ideen auf Papier zu bannen. Sie ist intrinsisch motiviert. Eines Tages kommt Tante Victoria zu Besuch und ist begeistert von Gabrielas Kunstwerken. Sie bittet das kleine Mädchen, ihr doch auch so ein hübsches Bild zu malen. Doch Gabriela hat bereits fast eine Stunde gemalt und nun fehlt ihr ausnahmsweise die Lust. Da greift Tante Victoria in ihre Tasche und zieht eine Tüte Gummibärchen hervor: »Gebbi, mein Schatz, wenn du mir so ein tolles Bild malst, schenke ich dir Gummibärchen!« Gabriela strahlt und macht sich sofort ans Werk.

Am nächsten Tag fragt die Mama Gabriela: »Magst du ein bisschen malen?« Gabrielas Antwort lässt nicht lange auf sich warten: »Kriege ich dann wieder Gummibärchen?« Aus intrinsischer Motivation ist extrinsische Motivation geworden – Gabriela malt nicht mehr um des Malens willen, sondern um der Belohnung willen. In unserem Beispiel ging Tante Victoria sogar noch weiter, als das Mädchen nur für seine Leistung zu loben: Sie hat es obendrein belohnt. Aber auch das Lob ist eine Art der Belohnung und Kinder verstehen sehr schnell, wie begeistert Mama und Papa sind, wenn sie etwas Neues vollbracht oder »sich gut benommen« haben. Gerade wenn sie oft und viel gelobt werden, entwickelt sich mit der Zeit ein Gewöhnungseffekt: Das Lob nutzt sich ab. So tun Kinder irgendwann kaum noch etwas wegen des Tuns an sich, sondern wegen der Belohnung – des Lobs! –, welche sie dafür erhalten. Ein weiterer Aspekt ist der der bedingungslosen Liebe. Elterliche Liebe ist nämlich genau das: bedingungslos. Nur spüren das die Kinder nicht immer, vor allem wenn sie oft wegen ihrer Leistungen gelobt werden. Das Kind erfährt: Ich werde nicht gelobt, weil ich mich angestrengt habe, sondern weil ich es geschafft habe, so hoch zu klettern/die Rutsche zu rutschen/den Sandkuchen zu backen.

Lob und Belohnung beruhen übrigens auf der Methode der klassischen Konditionierung. Es geht darum, irgendwie eine erwünschte Verhaltensweise zu erreichen. Das Kind lernt durch Lob und Belohnung ebenso wenig wie durch Strafen.

Nun kommen wir jedoch zur erzieherischen Praxis, denn: Was, wenn Mama und Papa nicht loben, um ihr Kind nicht zu konditionieren? Was, wenn sie sich von Herzen mitfreuen, weil ihr kleiner Schatz zum ersten Mal das Klettergerüst erklommen hat, und ein Lob unterdrücken, da es ja irgendwie die kindliche Entwicklung beeinträchtige. Statt eines von Herzen kommenden »Gut gemacht!« wird zunächst angestrengt nachgedacht, bevor ein gepresstes «Du bist ... die Rutsche gerutscht. Toll ge... äh, ich meine, hm ... du hast dich angestrengt!« Mit Authentizität hat das kaum noch etwas zu tun. Mein Fazit an dieser Stelle sei Folgendes: Inflationär sollte das Loben definitiv nicht eingesetzt werden. Manchmal entspringt dem Mama- oder Papaherzen und hiernach sofort dem elterlichen Mund jedoch einfach ein freudiges »Toll gemacht!« – und das darf auch sein. Denn Elternschaft sollte frei und von Herzen stattfinden.

Kommen wir noch einmal zurück zu einem typischen Beispiel beim Einkaufen, das auch ohne ein ständiges Lob gemeistert werden kann.

FALLBEISPIEL

Valentin (3 Jahre), ein kleiner Wirbelwind, quengelt an der Supermarktkasse. Ihm dauert der heutige Einkauf viel zu lange. Wie könntest du dich verhalten?

- Valentin anlächeln und aufmuntern: »Wir müssen heute eben ein wenig Geduld haben!«
- Den Kleinen auffordern, ein Lied zu singen, einen Reim aufzusagen oder etwas von der Kita zu erzählen.
- Mit ihm den Einkaufswagen durchgehen, ob nichts vergessen wurde.
- Valentin noch etwas holen lassen, was sich in direkter Nähe befindet, auch wenn du das nicht unbedingt heute brauchst.
- Wenn er im Wagen sitzt, ein Fingerspiel spielen, ein wenig schmusen, den heutigen Abend planen/ durchsprechen.
- Die Farben und Formen der verschiedenen Verpackungen benennen, Artikel oder Menschen zählen etc.
- Wenn ihr am Band steht, Valentin beim Auflegen helfen lassen.

Es gibt so viele Möglichkeiten, ein Kind zu beschäftigen und von dem akuten Problem, wie der langen Schlange, abzulenken.

AGGRESSION

»Mama, ich mache kein griesgrämiges Gesicht. Die Mona Lisa macht ein griesgrämiges Gesicht!«

Diesem Konfliktthema kommt eine große Bedeutung zu, weil sie Kinder im sogenannten Trotzalter trifft und uns Eltern meist noch viel härter. Wir sollen als Vorbild unseren Kleinen beibringen, mit ihrer Wut umzugehen und stehen ebenfalls mitten im Epizentrum. Wer hat sich selbst immer so im Griff, dass ihm herumfliegende Schuhe, knallende Türen oder wüste Beschimpfungen nichts ausmachen? Aber was passiert eigentlich in uns Menschen, wenn wir wütend werden? Zunächst ist da ein Auslöser, vielleicht ein Legostein, der einfach nicht auf den anderen passen will oder ein Kind, dass partout nicht ins Bett will. Die unbefriedigende Situation feuert unseren Körper an, der Blutdruck steigt, das Herz klopft wild und die Atmung wird schneller. Wir können uns kaum noch kontrollieren und möchten am liebsten wild um uns schlagen, die Tassen aus dem Regal schleudern oder schreien wie ein Löwe. Und genau das tun Kinder! Sie haben dieses Verhalten wie alle Generationen vor ihnen mit auf diese Welt gebracht, weil es vor Millionen von Jahren überlebenswichtig war. Wütende Menschen sind im Kampfmodus und können sich verteidigen, vor Bären, Tigern und auch vor Eltern, Geschwistern und Freunden! Nehmen wir also die Wut als etwas Überlebenswichtiges an, denn es ist auch Ausdruck unserer Grenzen. Wer sie übertritt, hat Konsequenzen zu befürchten. Die Kleinen haben den Zorn also im Evolutionsgepäck dabei, ohne Bedienungsanleitung! Für uns Eltern stellt sich nun die Aufgabe, dem Nachwuchs den Umgang mit Wut und Aggression zu lehren.

Wichtig ist zunächst, dem kleinen Liebling beizubringen, dass er seine Wut nicht verdrängen darf. Er soll sie annehmen, weil sie zum Leben einfach dazu gehört. Oder besser noch, er sollte sie willkommen heißen als ganz persönlichen Sensor für Grenzmissachtungen durch andere oder zur Motivation für eigene Ziele (»Ich werde es noch schaffen, den Legostein auf den anderen zu setzen!«). Werden Zorn, Wut und Aggression unterdrückt, frisst ein Kind diese Emotionen in sich hinein. Irgendwann bahnt sich der Druck seinen Weg, was sich häufig in dem Kind selbst manifestiert, beispielsweise durch Hilflosigkeit, Bindungsängste oder selbstzerstörerische Aktionen

(Ritzen bei Jugendlichen etc.). Das Kind muss also unbedingt durch die Unterstützung seiner Eltern lernen, seine Wut und Aggression als Teil von sich selbst zu akzeptieren und zudem lernen, mit dieser umzugehen und in akzeptable Bahnen zu leiten. Ist dein kleiner Liebling sauer, weil sein Spielzeug von einem anderen Kind weggenommen wurde, darf er seinen Unmut äußern! Die Art, wie dein Kind es tut, kann es von dir lernen. Das braucht natürlich Zeit, aber bis es ein Schulkind ist, wird es gute Fortschritte machen! Wann und wie ein Kind lernen kann, sich selbst zu beruhigen, möchte ich im folgenden Exkurs klären.

EXKURS

Selbstregulation

Dieses Thema kann ein recht leidvolles sein, insbesondere, wenn du ein sehr sensibles Kind hast, das Reize schlecht verarbeiten kann. Denn die Fähigkeit zur Selbstregulation ist nichts, was ein Baby einfach so mitbringt. Sie muss erlernt werden und das kann harte Arbeit sein. Von Geburt an bis zum Alter von etwa drei Monaten sind Babys kaum in der Lage, sich selbst zu beruhigen. Sie sind ganz frisch auf diesem Planeten angekommen und es strömen unendlich viele Reize auf sie ein. Von einem Ort, an dem es stets gleich warm und behaglich war, an dem sie Mamas Herzschlag und ihr Blut rauschen hörten, an dem sie weder Hunger noch Durst, noch Schmerz kannten, landen sie mit einem Mal in einer grellen, lauten und kalten Welt. Dort können sie sich zunächst nicht orientieren, sie haben ja nicht einmal die Fähigkeit, Dinge scharf zu erkennen, die weiter als zwanzig Zentimeter von ihrem Gesicht entfernt sind. Aus diesem Grund ist es wichtig, dass ein Neugeborenes verlässliche Bezugspersonen hat, die sich immer um das kleine Wesen kümmern. Was es jetzt braucht, ist vor allem viel Körperkontakt und zärtliche Ansprache. Dies ist der erste Schritt zur erlernten Stressregulation: »Es ist mir zu viel, aber Mama/Papa hilft mir.«

Mit etwa einem Jahr beginnt dann eine lange und sehr heftige Phase – die Kinder erlernen die Fähigkeit, selbst ihren Stresspegel zu minimieren. Dieser kognitive Lebensabschnitt nennt sich Coping und unterteilt sich in zwei verschiedene Phasen, nämlich das Primäre Coping, bei dem das Kind erst einmal spüren muss, dass es einer belastenden Situation ausgesetzt ist, um danach zu handeln und sich zu regulieren, und das Sekundäre Coping, welches ab etwa vier Jahren erlernt wird und die Änderung der inneren Haltung zur Vermeidung von Stresssituationen beinhaltet.

Im Klartext heißt das:

- Ein gesundes Kind im Alter bis vier Jahre braucht unbedingt eine liebevolle Begleitung während eines sogenannten Wutanfalls oder anderer belastender Situationen. Es kann sich noch nicht allein regulieren und benötigt daher die Hilfe der Bezugspersonen. Lässt man es mit seiner Wut und seiner Verzweiflung allein, lernt es nicht, sich selbst zu beruhigen – es resigniert einfach irgendwann und unterdrückt seine Emotionen.

- Ein gesundes Kind im Alter von vier bis sieben Jahren hat, bei altersgerechter emotionaler Entwicklung, gelernt, selbst mit Stress umzugehen und kann sich daher in den meisten Situationen adäquat verhalten. Es kann beispielsweise im Kindergarten oder in der Schule das sein, was ältere Generationen als »brav« bezeichnen würden. Es kann sich anpassen und an soziale Normen und Gepflogenheiten halten. Zugleich hat es gelernt, belastenden Situationen entweder auszuweichen oder sie selbst zu verarbeiten.

Viele Erwachsene unserer Generation haben im Übrigen das Coping niemals gelernt, denn vor wenigen Jahrzehnten war es noch gang und gäbe, ein »bockendes« Kleinkind einfach stehen zu lassen und manch ein Erziehungsberechtigter verteilte saftige Backpfeifen, wenn der kleine Mensch nicht »spurte«. In aller Regel zeigten solche »Erziehungs«-Maßnahmen die beabsichtigte Wirkung: Das Weinen, das »Trotzen«, wurde vielleicht einen Moment lang heftiger, um dann letzten Endes zu versiegen. Das kleine hilflose Wesen lernte, seine Emotionen zu unterdrücken, statt sich damit auseinanderzusetzen. Es schrie und weinte nicht mehr so viel, nicht mehr so laut, nicht mehr so heftig; es resignierte und »parierte«, wenn es das sollte – es war »gut erzogen«.

Wenn du nun weißt, dass Selbstregulation erst erlernt werden muss, verstehst du wahrscheinlich, warum dein Kleines mit seinen drei Jahren noch Hilfe braucht. Es muss nicht nur die Wut als solche erkennen, sondern auch in andere Kanäle umleiten. Wie Kinder mit ihrer Wut umgehen, hängt selbstverständlich mit ihrem Temperament zusammen. Dass Sturköpfe deutlich aggressiver reagieren können als Yogis erscheint plausibel. Dennoch sollten sie von ihren Eltern und nahestehenden Personen nicht als typisches Beispiel für ein bestimmtes Temperament abgestempelt werden. Jedes Kind ist anders und sollte um seiner selbst willen geliebt werden. Mit der richtigen Intuition kann jede Familie ein willensstarkes Kind in seiner Entwicklung genauso begleiten wie ein fügsameres Kind. Es braucht eben andere Methoden. Wenn der kleine Sturkopf langsam auf eine Explosion zusteuert, werden aufmerksame Eltern die Entwicklung beobachten und können wahrscheinlich rechtzeitig unterstützend eingreifen. Die enorme Energie, die ein solches Kind mitbringt, braucht lediglich einen Kanal, wo sie wieder hinaus kann. Vielfach besteht die Meinung, dass eine zuckerreiche Ernährung bei Kindern Auswirkungen auf das Aggressionspotential hat. Dieses Phänomen konnte wissenschaftlich bisher nicht nachgewiesen werden. Lediglich der Anstieg der Hyperaktivität für einige Zeit nach dem Zuckerkonsum ist nachweisbar. Dann müssen sich die Kleinen so richtig austoben und sind durchaus unaufmerksam. Aggressiv werden sie allein durch den Zucker jedoch nicht. Vielmehr stecken andere Ursachen dahinter, unter Umständen auch ein Glaubenssatz: »Bei zu viel Zucker, wirst du immer aggressiv, Pepe!«. Hört der Junge diesen Satz regelmäßig, kann er irgendwann nur so handeln, wie es ihm eingebläut wurde.

FALLBEISPIEL

Nils (4 Jahre) bekommt regelmäßig Wutausbrüche. Die Auslöser sind meist Banalitäten. Er kann sich einfach nicht kontrollieren bzw. selbst regulieren und knallt die Türen zu. In seinem Zimmer schmeißt er sein Spielzeug aus dem Schrank, sodass es im ganzen Haus schallt. Hier werden eine schnelle Lösung und ein etwas längerer Weg zur Selbstregulation notwendig. Als Notfall-Plan biete ich dir folgende Möglichkeiten an:

Versuche, dein Kind auf Augenhöhe zu erreichen, sobald du merkst, dass es los geht! Nimm es in den Arm und versuche, es zu beruhigen (beispielsweise mit Worten wie: »Es ist alles gut! Ich bin bei dir!«, »Ruhig, ich werde dir helfen, deine Wut loszuwerden!« oder »Ich bin bei dir. Wir finden eine Lösung!«).

- Versuche, dein Kind zu ruhigem Atmen zu animieren! Pustet gemeinsam die Wut langsam heraus!

- Bleibe gelassen, wenn das Kind seine Wut herauslässt und beschütze es nur vor unmittelbaren Gefahren! Bleibe in seiner unmittelbaren Umgebung!

- Mach mit und brülle laut und kräftig! (Den Überraschungsmoment hast du auf deiner Seite! Und das Kind fühlt sich nicht so allein und seinen Emotionen ausgeliefert.) Dann gehst du langsam ins Lachen über.

Nach dem Wutanfall kannst du an den neuen Plan gehen, der deinem Kind helfen kann, mit seiner Wut klarzukommen. Vielleicht sind meine Vorschläge nicht immer umsetzbar oder sie bedürfen einiger Vorbereitungszeit durch häufiges Trainieren. Probiere einfach das aus, was dir spontan zusagt.

- Bevor der kleine Mann sein Spielzeug herumwirft, könnte er auch sein Kopfkissen oder einen Boxsack bearbeiten.

- Eine Trommel oder ein Schlagzeug könnten die Wut auffangen, sofern es in deinen vier Wänden möglich ist.

- Die Aggression könntest du umleiten lassen, indem dich dein Kind fest massiert. (Bitte in entspannten Situationen üben, denn es soll dir schließlich nicht weh tun!)

- Um die Wut in andere Bahnen zu lenken, kannst du ein Ritual oder eine Geschichte erfinden (siehe Seite 176) Diese muss natürlich schon vor dem Wutanfall als solche bekannt sein, damit sie sofort abgerufen werden kann. Deshalb sind ein paar Generalproben vorab notwendig.

- Kinderpsychologen wie Anette Kast-Zahn empfehlen eine Auszeit, die das Kind in einem möglichst langweiligen Zimmer nehmen muss, um sich zu beruhigen. Hierbei muss gegeben sein, dass das Kind bereits weiß, wie es herunterkommen kann und die Zeit auf wenige Minuten begrenzt wird (etwa eine Minute pro Lebensjahr). Als Eltern kann man nach dieser Zeit schauen, ob sich die Wogen geglättet haben und Hilfe anbieten. Falls alles beim Alten ist, verlässt du wieder das Zimmer und wartest. Die Tür kann zur Unterstützung geschlossen, sollte jedoch nie abgeschlossen werden! Falls ältere Kinder türmen wollen, so musst du die Tür zuhalten, damit die Auszeit tatsächlich Wirkung zeigt.

FALLBEISPIEL

Aline und Theresa (beide 5 Jahre) sind mit Alines Mama auf dem Spielplatz. Aline beginnt, ihre Freundin herumzukommandieren. Eine Weile lässt sich Theresa nichts anmerken, doch dann macht sie nicht mehr mit. Aline wird zornig.

Aline wird zornig, *weil Theresa sich nichts mehr sagen lässt.*

Theresa will nach Hause.

Mama kümmert sich intensiv um Therese und tröstet diese.

Das kann Aline so nicht stehen lassen und verspricht, nicht mehr herumzukommandieren.

Aline und Theresa spielen gemeinsam.

Theresa schreit zurück.

Aline wirft mit Sand.

Mama versucht zu schlichten und Aline zum Weiterspielen unter fairen Bedingungen zu motivieren.

Hält sich Aline nicht an die Abmachung, geht es nach Hause.

Theresa sucht sich ein anderes Kind zum Spielen.

Aline ist verdutzt, weil Theresa einfach geht.

Aline ärgert nun Theresa und die anderen Kinder.

Aline spielt allein weiter.

Aline möchte nach Hause.

Mama kündigt an zu gehen, falls Aline nicht fair spielt.

Mama erklärt, dass sie bleiben.

Aline ärgert die Kinder weiter.

Aline spielt mit den anderen.

Aline ist weiter wütend.

Aline, Theresa und Mama gehen nach Hause.

Falls Aline nicht spielen geht, muss sie neben Mama sitzen bleiben.

Anregung

Beim Herumkommandieren fallen mitunter Schimpfworte, die ein deutliches Aggressionspotential in sich tragen. Du hast wahrscheinlich auch schon beobachtet, dass diese Wörter den Kleinsten so richtig Spaß machen. Sie sind schließlich verboten! Doch wie schafft man es nun, den Gebrauch dieser Wörter zu unterbinden, ohne dass der Reiz erhöht wird? Beim erstmaligen Aussprechen kannst du es einfach ignorieren. Wenn das Wort als solches kein Aufsehen verursacht hat, ist es vielleicht doch nicht so cool, wie die Kinder in der Kita behauptet haben. Kommt es öfter zum Einsatz, könntest du fragen, was es bedeutet. Sehr oft wissen die Kleinen nämlich nicht, was sie sagen. Und Worte, deren Bedeutung man nicht kennt, braucht man an und für sich auch nicht benutzen. Mein Sohn brachte mal ein wirklich übles Schimpfwort mit und bekam es aus seinem Wortschatz nicht mehr heraus. Er wollte es gern loswerden, aber irgendwie ging es nicht. Wir haben das Wort dann ganz laut in den Kachelofen gebrüllt und dort verbrennen lassen. Und es hat Wirkung gezeigt! Immer wenn es in seinem Kopf angeflogen kam, hat er sich daran erinnert, dass es verbrannt wurde und nicht mehr ausgesprochen. Kurze Zeit später war es verschwunden. Hast du keinen Ofen, so gehen auch eine Grillstelle, ein Brief, der verschickt wird, der Mülleimer, der regelmäßig entleert wird usw. Bringt all dies keine zufriedenstellende Lösung, so kannst du noch einen anderen Weg gehen. Vereinbart einen Schimpfwörter-Nachmittag, an dem die Kleinen alles loswerden können, was ihnen einfällt. Du solltest auf jeden Fall mitmachen und lustige Wörter erfinden, wie »Du verschimmelter Leberkäse!«, »Du blumenkohlumrankter Grottenmolch!«, »Du stinkender Käsefuß!« oder »Du lilablauer Holunderheini!«. Wirklich üble Schimpfwörter tauchen bei diesem Spiel vermutlich nicht auf, denn ihnen fehlt das Spaßpotential. Schleichen sich einige ein, so kannst du sie versuchen, umzuändern (»Scheiße!« → »Was? Schittipitti?«, »Arschloch!« → »Was? Armlochstricker?«, »Fick dich!« → »Was? Blickdicht?«), um ihnen die Härte zu nehmen.

Nun können Aggressionen auch ein Ausdruck der Kinder sein, sich mitzuteilen. Viele Psychologen gehen davon aus, dass Kinder ihr Umfeld mit all den sich vor ihren Augen abspielenden Problemen spiegeln. Das heißt, dass sie das Verhalten ihrer nächsten Ansprechpartner, also das der Eltern, Erzieher etc., nachahmen oder genau das Gegenteil davon tun. Sie machen uns Erwachsene also auf die bestehenden Schwierigkeiten aufmerksam und bringen diese gnadenlos ans Licht. Jesper Juul formulierte dies wie folgt: »Wenn Kinder schwierig werden, wollen sie uns etwas mitteilen.« Es ist also enorm wichtig, hinter die Kulissen zu schauen und sich die Frage zu stellen, woher die Aggression rühren könnte. Wird der Sohnemann womöglich in der Kita geärgert und bekommt von einem anderen Kind Aggression zu spüren? Schreit der Papa die Mama öfter an und das Kind ahmt dieses Verhalten nach? Wenn Kinder bisher wenig Wutattacken hatten und sich plötzlich nicht mehr im Griff haben, kann eine Ursache dahinterstecken, die behoben werden muss. Kinder können beispielsweise einiges einstecken, was sich, sobald das Fass überläuft, in Aggression umwandeln kann. Ist das Kind nun in der Kita den Aggressionen eines anderen Kindes ausgesetzt und kann sich nicht wehren, so wird es dies in einer für ihn sicheren Umgebung tun, also bei dir. Im ähnlichen Fall könnten auch die Eltern so viel Stress auf der Arbeit erfahren, die sie nur daheim kompensieren können und dort »munter drauf losbrüllen«. Ich habe mich leider auch schon mal dabei ertappt, meinen Frust an den Kleinen auszulassen. Wenn das nur sehr selten vorkommt, kann man sich hinterher entschuldigen und die Lage erklären. Bei zu häufigen Vorkommnissen könnten die Kinder allerdings zu Nachahmern werden. Manchmal merken wir Eltern gar nicht, wie oft wir eigentlich genervt reagieren. Die Quittung kommt dann meist in Form der kleinen Gegenüber, die uns mit der Nase drauf stupsen. Wir können unser Tun natürlich auch regelmäßig analysieren und bei Bedarf Veränderungen vornehmen. Den Partner als Zweitmeinung hinzuzuziehen, ist auf jeden Fall empfehlenswert.

Ist das Kind schon immer sehr aggressiv und kann es sich trotz Selbstregulation nicht beruhigen, würde ich zu einem Kinderpsychologen raten. Er überblickt nach eingehender Befragung und Untersuchung die Strukturen innerhalb der Familie, anderer Bezugspersonen und das kindliche Temperament am besten und kann den Grund für das Verhalten des Kindes finden. Viele Eltern schauen lieber einmal mehr als einmal zu wenig hin und trotzdem übersieht man als Eltern manchmal einfach ein kleines Puzzleteil, das die Lösung in sich birgt. Deshalb sollte sich niemand scheuen, einen Spezialisten auf diesem Gebiet aufzusuchen.

GEWALT UNTER KINDERN

»Nimm dich in Acht. Wir sind die drei Muskelkater!«

Vincent (4 Jahre) zu einem anderen Kita-Kind

Wird die zuvor beschriebene Aggression extrem ausgeübt, so kommt es zu Gewalt, die neben den Eltern auch andere Kinder treffen kann. Solltest du ein Kind haben, dass ab und zu beißt, spuckt, schlägt oder schubst, so ist dies zwar beobachtungswürdig, aber im Alter bis zu drei Jahren völlig normal und macht dein Kind und dich als Mama oder Papa nicht zu schlechten Menschen! Kinder befinden sich in einer dynamischen Entwicklung, die verschiedene Wege geht. So nutzen die Kleinen ihre körperlichen Ausdrucksformen, um ihre Grenzen zu erfahren oder ahmen das Verhalten anderer Menschen nach. Wird dein Kleines von einem anderen Kind getriezt, so ist es möglich, dass es dies anderweitig selbst ausprobiert, vielleicht an seinen jüngeren Geschwistern. Es könnte aber auch sein, dass es dich herausfordert und versucht, so weit zu gehen wie möglich. Falls du auf wüste Beschimpfungen eher gelassen reagierst, könnte das Beißen mitunter Erfolg bringen. Kinder probieren sich täglich aus, um daran zu lernen. Setzt du hierbei Grenzen, kann sich das Kind in einem gesunden Rahmen entwickeln. Je kleiner die Kinder sind, umso eher haben sie Schwierigkeiten abzuschätzen, was dem Gegenüber wirklich weh tut. Es ist folglich notwendig, den Allerkleinsten beizubringen, welche Auswirkungen ihr Angriff haben kann.

Anregung 1

Natürlich kannst du im Alltag immer wieder unterbringen, wie schöne und nicht schmerzhafte Berührungen aussehen können. Ein zarter Kuss auf die Wange, ein angemessener Händedruck oder eine sanfte Umarmung. Daneben ist es sinnvoll, gezielt »Schmerzerfahrungen« (nicht erschrecken, so schlimm wird es nicht!) auszutesten, damit dein Kind am eigenen Leib spüren kann, wo Wehtun beginnt. Hierfür eignet sich beispielsweise ein Barfußpfad, aber auch Kies oder Rindenmulch auf dem Spielplatz, der warme, vielleicht sogar heiße Sand am Meer oder gewöhnlicher Asphalt auf dem Gehweg, um die Fußsensoren zu testen. Am Körper könntest du mit deinem Kind Massagen ausprobieren mit weniger oder mehr Druck. Das langsame Zudrücken am Handgelenk wäre ein weiteres Beispiel, um Schmerz zu fühlen. Ihr solltet beide immer nur soweit gehen, bis ein annehmbarer Schmerz zu spüren ist.

Zeige deinem Kind deutlich, wenn etwas weh tut, damit es lernen kann, weniger stark zu drücken, zu streicheln etc. Begleite deinen kleinen Liebling aufmerksam, wenn er sich selbst beißen soll. Animiere ihn ganz zaghaft und dann immer etwas mehr zu beißen, bis der Schmerz fühlbar wird. Mit diesen Übungen kannst du dein Kind vorsichtig an Schmerzgrenzen heranführen und ihm an dir zeigen, dass man seinem Gegenüber bei zu viel Kraft wehtun kann. Bei einem Stopp muss definitiv Schluss sein!

Anregung 2

Wann hast du das letzte Mal mit deinen Kinder so richtig getobt und dich ausgepowert, beispielsweise bei einer Kissenschlacht oder spielerischen Rauferei? In den letzten vier Wochen überhaupt gar nicht? Dann wird es nun Zeit, sich darum zu kümmern. Auch wenn es in der modernen Gesellschaft nach außen hin verpönt ist, sich zu »schlägern«, so sollte dies innerhalb der Familie kultiviert in Angriff genommen werden. Hatten die Eltern vergangener, kinderreicher Generationen kaum Zeit, sich um den Nachwuchs zu kümmern, so lernten die Kleinen ein härteres Leben kennen als heute. Da gab es durchaus Schlägereien und Raufereien unter Geschwistern, Nachbarkindern und »verfeindeten« Banden. Diese wurden in der Regel fair ausgetragen, auch wenn ein blaues Auge durchaus dabei war. Wer zu verstehen gab, dass er aus der Prügelei heraus ist, wurde nicht mehr behelligt. Auch am Boden liegende Kinder wurden in Ruhe gelassen und nicht weiter malträtiert. Nach der Rangelei war im Prinzip alles geklärt und die Kinder wieder friedlich. Ich möchte diese Schlägereien auf keinen Fall verherrlichen, du sollst lediglich ein Auge auf die Art der Rangelei haben und für dich und deine Kinder selbst abwägen können, ob diese Art der gezielten Lenkung der Aggression für die Entwicklung deiner Kinder hilfreich sein könnte. Hier verhält es sich ähnlich, wie im vorherigen Abschnitt beschrieben wurde. Leugnet man die Aggression, die sich ihren Weg bahnen möchte, kann das verheerende Folgen haben. Nimmt man sie an und lenkt sie in gezielte Bahnen, so können Kinder lernen, sie zu beherrschen. Wie könntest du dir nun so eine Rauferei als Spiel vorstellen? Zunächst müssen alle Beteiligten (es sollte mindestens ein Elternteil dabei sein!) über die geltenden Regeln informiert werden, z. B. der Abbruch des Spiels durch ein Codewort wie »Stopp!« oder es darf nicht gebissen, geschlagen, getreten werden. Nun könntet ihr um ein Kissen kämpfen. Oder darum, ob dein Kind es schafft, dich am Bauchnabel zu kitzeln oder den Socken auszuziehen. Nur wenn ihr alle spielerisch an die Sache geht, kann sie auch Erfolg haben. Das Kind soll lediglich lernen, auch bei körperbetonten Aktionen seine Aggression nicht so einzusetzen, dass es Schmerzen verursacht und sich an vorgegebene Regeln halten. Und ganz im Ernst, so eine richtige Kissenschlacht oder ein Fangspiel im Garten, wo sich das Kleine nochmal losreißen kann und einen nächsten Haken schlägt, machen doch irgendwie glücklich. Wichtig ist es, das Einheitsgefühl zu spüren und auch, wenn es zwischendurch zu einem Streit kommt, diesen am Ende wieder beizulegen.

Familientherapeut Jan-Uwe Rogge spricht in diesem Zusammenhang auch davon, dass Kinder heutzutage »zu einer Angst vor Aggression erzogen werden oder Aggression mit Verbot und Ausgrenzung belegt sind.« Es sollen vielmehr »kontrollierte Handlungsmuster, die Respekt und Achtung vor der körperlichen Unversehrtheit anderer Menschen beinhalten«, gelehrt werden. Ab dem Schulalter können Sportarten wie Boxen, Judo oder Taekwondo hilfreich sein, den Umgang mit Aggression zu trainieren.

FALLBEISPIEL

Luana (2 Jahre) beißt in der Kita. Im Alter bis zu drei Jahren kommt Beißen als Ausdrucksform häufiger vor, da die Kleinen ihren Körper erst entdecken. Sie beißen in erster Linie nicht, weil sie jemanden ärgern wollen, sondern sich einfach nicht anders ausdrücken können. Im Augenblick des Beißens war dies die einzige Möglichkeit für das Kind und so sollten wir Eltern das auch sehen. Zuhause kannst du ähnlich verfahren, wie es im Beispiel für die Kita dargestellt ist.

Luana beißt in der Kita andere Kinder.

Mögliche Ursachen:

- *eine Reizüberlfutung die sie nicht anders kompensieren kann*
- *sie wehrt sich gegen andere Kinder (z.B. wurde ihr Turm umgeschmissen)*
- *sie hat Hunger, ist müde, etc. (ihre Bedürfnisse sind unbefriedigt)*
- *sie ist an eine Grenze gestoßen und wurde wütend*

Mögliche Lösungen:

- *die Aktion mit einem lauten »Nein« oder »Stopp« unterbrechen und deutlich machen, dass diese Reaktion nicht in Ordnung ist.*
- *das andere Kind trösten und diesem viel Aufmerksamkeit schenken, damit für Luana das beißen unattraktiv wird*
- *evtl. eine kleine Auszeit, Luana wird für ein paar Minuten von der Gemeinschaft ausgeschlossen (unter der Aufsicht eines/r Erziehers/in)*
- *andere Methoden suchen, um die Wut auszudrücken (einen Softball kneten, kräftig hüpfen, im Sandkasten stampfen)*
- *wenn Luana zuviele Reize stören, zwischendurch zur Ruhe bringen (in der Kuschelecke vorlesen oder eine beruhigende CD einlegen)*
- *falls sie sich gewehrt hat, Verständnis aufbringen, jedoch anleiten, sich sozialer auszudrücken (z.B. »Nein« oder »Meins«)*
- *sind unbefriedigte Bedürfnisse der Grund, z.B. anstehendes Mittagessen, Luana bis dahin gezielter beschäftigen (z.B. auf dem Schoß der Betreuungsperson)*

In der Kita könnte die Auszeit praktiziert werden. Um dir über diese Methode einen Eindruck zu vermitteln, habe ich einen weiteren Exkurs vorbereitet.

EXKURS

Auszeiten und stille Treppe

Manche Eltern nutzen Auszeiten als Konsequenzen, wenn beispielsweise ein kleiner Knirps seinen Bruder haut. Dann wird er aus dem Spiel und der Gemeinschaft ausgeschlossen. Hat er sich wieder beruhigt, darf er dazukommen. Wird das Kind aus einer Situation herausgenommen und soll die Auszeit (alternativ stiller Stuhl oder stille Treppe) das Kind zum Nachdenken animieren, »So, du gehst jetzt auf dein Zimmer und dort denkst du mal darüber nach, wie weh du gerade deinem kleinen Bruder getan hast!«, dann funktioniert dies selten. Kleine Kinder sind nämlich noch gar nicht in der Lage, ihr eigenes Verhalten während einer Auszeit zu reflektieren. Vermutlich haben die wenigsten Eltern schon mal ihren Vierjährigen angestrengt nachdenkend im Kinderzimmer vorgefunden, wonach er triumphierend verkündete: »Mama, Papa, ich hab's kapiert! Ich darf meinen Bruder nicht hauen! Und das werde ich nie wieder tun. So.« Kindern in diesem Alter fehlt schlicht die Einsicht, mehr noch, die Empathie; sie sind kognitiv noch nicht in der Lage, Überlegungen bezüglich ihres »Fehlverhaltens« und der Gefühle anderer – wie Schmerz und Wut – anzustellen. Deshalb sollte das Ziel der Auszeit vielmehr sein, die Kinder von allen Reizen, insbesondere von verstärkenden Reizen, abzuschirmen, um eine unerwünschte Verhaltensweise zu eliminieren und die Situation nicht noch weiter eskalieren zu lassen. Dieses Mittel soll zeigen, dass das kindliche Verhalten in der ausgeübten Form nicht geduldet wird. Wichtig ist dabei, mit dem Kind über das Geschehene zu sprechen.

Nun verhält es sich sehr oft so, dass der Stress zwischen den Kindern auch Mama oder Papa befällt. Da erscheint es oft klüger, tatsächlich das Kind für wenige Minuten in ein anderes Zimmer zu stellen, bevor Mama oder Papa dermaßen der Kragen platzt, dass die Wände wackeln und die Nachbarn ein hübsches Schauspiel zu hören kriegen. In den meisten Situationen wäre es angebrachter, die Eltern ins andere Zimmer zu stellen, nur ist dies im Alltag nicht so einfach. Denn oft ergeben sich bei der Auszeit in der Praxis gleich mehrere Probleme:

- Zum Ersten ist es dem Erwachsenen nicht möglich, selbst den Raum zu verlassen, um durchzuatmen, gerade wenn noch sehr kleine Geschwisterkinder im Spiel sind. Wenn der kleine Bruder nämlich gerade seine »Ich klettere gern zwei Meter hohe Regale hoch«-Phase hat, sollte man ihn natürlich nicht aus den Augen lassen.

- Zum anderen ist der Alltag manches Mal so überfrachtet, dass man vielleicht gar nicht daran denkt, selbst aus der Situation zu gehen und erst beim Reflektieren über den Tag auf diese logische Schlussfolgerung kommt.

- Zum Dritten haben wir bereits die »Kampf-oder-Flucht«-Reaktion angesprochen. Gerade Mütter sind noch immer viel zu oft an den Grenzen ihrer Belastbarkeit – das innere »Stress-Glas« ist bereits randvoll gefüllt oder bereits darüber hinaus. Irgendwann kommt die eine Situation, in der es genug ist – du explodierst und denkst überhaupt nicht daran, eine selbstregulierende Methode anzuwenden, wie beispielsweise wenige Minuten aus dem Raum zu gehen und durchzuatmen.

Bevor es also zur totalen Eskalation einer Situation kommt, ist es durchaus legitim, sein Kind in ein anderes Zimmer zu schicken, sofern es dem Erwachsenen in diesem Moment nicht möglich ist, selbst die Situation zu verlassen. Anschließend kannst du in Ruhe mit deinem Kind darüber reden, was geschehen ist, und erklären, warum du auf diese Weise reagiert hast. Beispielsweise könntest du sagen: »Ich war gerade so wütend, dass ich dich beinahe angeschrien hätte. Damit das nicht passiert ist, habe ich dich auf dein Zimmer geschickt. Nun geht es mir besser und ich möchte mit dir darüber reden.«

Falls zwei Elternteile im Haus sind, braucht es keine Auszeit. Mama oder Papa können sofort das Gespräch über die entsprechende Situation führen. Im folgenden Beispiel siehst du auch warum.

FALLBEISPIEL

Anton ärgert sich über seinen kleinen Bruder Henri, weil er sein schönes Bild mit seinem Kritzel-krotzel vollgeschmiert hat. In seiner Wut haut er Henri mit einem Plastikbecher vom Stapelturm. Mama stellt Anton in die Auszeit und tröstet Henri, so wie es die Grafik bei Luana als mögliche Reaktion zeigt. Wir sind hier aber nicht in der Kita mit vielen Kindern, sondern in einer Familie mit nur zwei Kindern. Ist die Mama allein, könnte sich für Anton folgender Glaubenssatz manifestieren, falls er häufig als »Bösewicht« in ein anderes Zimmer gebracht wird: »Henris Gefühle zählen – meine nicht. Meine Gefühle sind nicht wertvoll. Ich bin nicht wertvoll.« Das heißt im

Klartext, Kinder erfahren durch regelmäßige Auszeiten keine bedingungslose Akzeptanz und somit keine bedingungslose Liebe. Selbstverständlich muss der kleine Bruder vor dem Übergriff des Großen geschützt werden – doch kann dies nicht geschehen, indem wiederum ein Übergriff auf den Großen stattfindet. Hier wäre ein zweiter Erwachsener wünschenswert, der sich um Anton und seine Not kümmern könnte. Natürlich ist das nicht immer gewährleistet, sodass du aus dem Bauch heraus entscheiden musst, was für alle Beteiligten das Beste ist. Du könntest beide Kinder trösten und Anton klar machen, dass er mit seinem Verhalten dem Bruder wehgetan hat und erklären, dass vermutlich keine Absicht hinter Henris Verhalten steckte. Er wollte das Bild vielleicht nur verschönern. Als Ausgleich könntest du mit beiden Kindern malen (evtl. sogar ein Bild, das beide gemeinsam gestalten) und für die Zukunft festlegen, wo Anton seine Gemälde ablegen kann, ohne dass sein kleiner Bruder herankommt.

TROTZ AUS PRINZIP

»Papa, die Paula ist jetzt in der Rotzphase.«

Kennst du auch die Tage, an denen du deine Kleinen am liebsten durchgängig in der Kita abgeben möchtest? Wenn sie morgens schon nörgeln, sei es nur, weil du sie bittest, ihr Frühstück aufzuessen oder mittags, weil das bisherige Lieblingsessen der Tochter ab heute nicht mehr gefragt ist oder nachmittags, wenn der Spaziergang deiner kleinen Lieblinge zu einem Stop&Go-Schneckenrennen mutiert oder abends, wenn der Schlafanzug des Sohnemanns blöd ist, weil ein bisschen lila darauf ist. Man bekommt als Eltern irgendwie das Gefühl, die Welt sei furchtbar schlecht zu den Kleinen. Jedes kleine Detail bekommt eine derartige Bedeutung, dass sich in dem kleinen Körper so richtig viel Trotz ansammeln kann, der kleckerweise über den Tag verteilt natürlich wieder raus muss. Solche Tage kennst du mit Sicherheit auch, deshalb solltest du genau das für deine Kinder tun, was du dir für dich selbst wünschen würdest. Vielleicht einfach in den Arm nehmen, mit den Kleinen ein wenig melancholisch sein und ihren Frust ernstnehmen. Wenn sie sich lieber zurückziehen und in Ruhe gelassen werden wollen, dann gib ihnen diesen Freiraum. Manchmal hilft es auch, einfach in der Nähe zu bleiben, damit sie sich dieser Situation nicht ganz allein stellen müssen. Bei uns zuhause gab es immer einen kunterbunten Kakao, um die graue Wolke zu vertreiben, die über dem Kind stand. Auf den Kakao kommt einfach eine Portion Schlagsahne und darauf wurden bunte Zuckerstreusel verteilt.

Beim Trotz aus Prinzip steckt oft ein Grund dahinter, mit dem die Kleinen fertig werden müssen. Das könnten eine Reizüberflutung sein, Leistungsdruck und zu hohe Anforderungen an die Kinder (beispielsweise in der Kita, denn nicht jedes Kind kann termingerecht alle geforderten Leistungen abrufen) oder zu viel Eigenständigkeit, deren Umfang manche Kinder überfordern kann (wer weiß schon mit drei Jahren, was und wo er in der Kita spielen will, wenn das Angebot im offenen System sooo riesig ist?). Viele kleine Kinder tragen auch Sorgen mit sich herum, die sie nicht aussprechen können. Als Eltern darf man hellhörig sein und das Gespräch so führen, dass unter Umständen Fragen mit Ja und Nein beantwortet werden können. In diesem Zusammenhang bieten sich Rollenspiele wunderbar an, um die Probleme mit dem Kind spielerisch verarbeiten zu können (siehe »Kleine Stolpersteine als Lernimpulse«, Seite 24). Mitunter liegt es auch einfach daran, dass der Tag zu durchgeplant ist und sich keine Lücken und Pausen finden lassen, um abschalten und herunterfahren zu können. Und nicht zu vergessen sind die verschiedenen Wachstums- und Entwicklungsschübe, die nicht nur enorme Energien benötigen, sondern eine Umstellung in die nächste Dimension sind. Mit solchen gravierenden Veränderungen würden auch wir Erwachsene uns schwertun. Deshalb solltet ihr Eltern Verständnis und Geduld aufbringen, wenn das Kleine irgendwie versucht, mit seinem Leben und seinem Körper zurechtzukommen.

FALLBEISPIEL

Fabian (4 Jahre) soll sich zum Spaziergang anziehen. Erst findet er seine Jeans nicht, dann drücken die Schuhe und der Reißverschluss an der Jacke klemmt. Fabian motzt die ganze Zeit. Als endlich alle (Fabian, Lea und Mama) aufbrechen können, darf Fabian die Route festlegen. Er weiß nicht, wo es lang gehen soll, also entscheidet Lea (2 Jahre) und zeigt in die entsprechende Richtung. Dort will aber Fabian nicht entlang. Dennoch nimmt Mama Leas Weg. Nach gefühlter Ewigkeit sind sie im Park angekommen, wo das Herbstlaub am Boden liegt. Mama nimmt Lea aus dem Buggy und raschelt mit ihr durch die Blätter. Lea juchzt und Fabian motzt weiter. Dann

schnappt er sich Kastanien und schmeißt diese durch die Gegend. Mama weist ihn freundlich darauf hin, nicht auf andere Leute zu zielen. Das geht eine Weile gut, dann zielt er auf Lea. Mama geht auf Augenhöhe und erklärt bestimmt, dass dies ein Regelverstoß war. Weil es ihm heute nicht so gut geht, darf er seine Wut mit den Kastanien bändigen, aber in einem Spiel. Sie suchen einen Platz, wo keine Menschen sind. Lea und Mama machen mit. Sie werfen die Kastanien so weit in Richtung Gebüsch, wie es nur geht. Fabian soll all seine Kraft aufbringen, damit er die Äste streift. Zuerst gehen sie näher an das Gebüsch und dann immer ein Stück weiter weg. Fabian wird lockerer und wettet mit Mama, wie weit er sich vom Gebüsch entfernen kann und dennoch trifft. Leider verliert er die Wette und ist wieder sauer. Die drei machen sich auf den Heimweg. Fabian bleibt immer wieder stehen, weil seine Beine weh tun, wie er sagt. Mama untersucht die Beine und stellt fest, dass es nur Königsbeine sein können und die müssen natürlich nicht allein laufen. Sie holt Lea aus dem Buggy und setzt Fabian in die neue Königskutsche und eine imaginäre Krone auf den Kopf. So wird der Spaziergang fortgesetzt und die Geschichte ein wenig ausgeschmückt.

An solchen Tagen, wie Fabian einen erlebt, bringen erzieherische Maßnahmen nicht immer den gewünschten Erfolg. Sagt dein Bauchgefühl, dass du heute an dein Kind nicht so herankommst wie gewöhnlich und dass du genauso gut mit einer Wand sprechen könntest, um sie zu bitten, die Schuhe nach dem Spaziergang in das Regal zu stellen, dann solltest du gelassen und großzügig sein. Versuche all die kleinen Reibungspunkte zu übersehen und dein Kind mit Verständnis, Liebe und Humor zu begleiten. Morgen sieht die Welt vielleicht schon wieder ganz anders aus.

ZUSAMMENFASSUNG

Nimm nicht jedes Problem furchtbar ernst! Kleine Dinge regeln sich oft von selbst!

Bleib in Stresssituationen gelassen und atme tief durch!

Versuche die Ursache zu finden, um das Problem an der Wurzel zu beheben!

Nutze logische Konsequenzen anstelle von Bestrafungen!

Vermeide nicht machbare Konsequenzen und solche, die nicht sofort umsetzbar sind! (Kinder leben im Hier und Jetzt! Das Geschehene wird schnell ausgeblendet.)

Versuche auch entgegen deiner bisherigen Reaktionen zu handeln (Überraschungsmoment)!

Besprich große Konflikte im Dialog mit allen Familienmitgliedern!

3. DER SUPER-GAU: WENN DIE PROBLEMLÖSUNG NICHT FUNKTIONIERT

Larissa (6 Jahre) kann laut eigener Aussage nach dem Erste-Hilfe-Kurs nun die stabile Seifenblase.

In der Theorie klingen die Lösungen oft so einfach und unproblematisch, aber in der Praxis lassen sie sich nicht umsetzen? Dir, deinen Nerven und Energiereserven geht langsam, aber sicher die Luft aus? Du hast irgendwann keine Ideen und Ansätze mehr, um dem Problem Herr zu werden? Dann wird es Zeit, die Reißleine zu ziehen und aus dem Familienalltag auszubrechen, den bisherigen Trott einfach mal beiseite zu schieben. Dass dies in der Realität nicht immer ganz leicht umzusetzen ist, kann ich nachvollziehen. Für mich als optimistischen Menschen gibt es jedoch immer eine Möglichkeit, etwas zu bewegen. Bist du berufstätig? Dann würde ein freies Wochenende reichen, um die Umgebung zu wechseln. Wie wäre es mit zwei Tagen im Gebirge, an der See oder in einem Vergnügungspark? Oder aber einem Ausflug auf einen Campingplatz? Ist das Geld etwas knapp bemessen, weil ein Partner sich dazu entschieden hat, für die Kinder auf die Karriere zu verzichten? Dann könntet ihr ein bisschen Abenteuerluft in einem Wald schnuppern? Mit einem Rucksack voll Proviant und ein paar Spielen im Kopf kann sich ein wunderbarer Tag ergeben. Eine Bahnfahrt ins Nirgendwo, also einfach zum Bahnhof, den erstbesten Zug genommen und mal schauen, wo die Reise hingeht. Schon nach einer Stunde seid ihr weit genug fort, um etwas Anderes zu sehen. Das ist natürlich nur mit älteren Kindern zu empfehlen. Seid ihr ansonsten eine sehr unternehmungslustige Familie wäre es vermutlich besser, genau auf das Gegenteil zu setzen und wenig außer Haus zu machen, sondern gezielt in den eigenen vier Wänden zu bleiben (gemeinsam entspannen, ein wenig Langeweile genießen oder auch basteln, kochen, umdekorieren, malern, bauen, ...). Sind diese Optionen nicht erstrebenswert, weil ihr als Eltern eine Auszeit braucht und die Kleinen sich bei den Großeltern scheinbar unproblematischer verhalten? Warum lasst ihr die kleinen Lieblinge nicht dort und entspannt euch zu zweit? Eine weitere großartige Möglichkeit ist ein Kuraufenthalt, den vor allem Mütter mit ihren Kindern verbringen können. In den drei bis vier Wochen fällt für die Mama der komplette Haushalt weg! Was für eine Wohltat! Kein Putzen, kein Kochen, keine Alltagsorganisation ... Nutze diesen Weg für dich als Energieladestation und als Austauschzentrale mit anderen Müttern!

Wie du bereits mehrfach gelesen hast, sind unkonventionelle Ideen in der Erziehung manchmal die besten. Wenn du spürst, dass eine noch so komische Idee in deinem Kopf herumgeistert und dein Bauchgefühl dir rät, es genau so zu probieren, dann mach es! Teste es aus, auch wenn dich dein Partner für verrückt erklärt. Begib dich ab und zu auf die Ebene deiner Kinder, denn sie zeigen uns gern kreative Lösungen, an die wir in unserer »Beschränktheit« gar nicht gedacht hätten. Wir denken eben nicht mehr wie Kinder, sondern wie Erwachsene mit unzähligen Erfahrungen, die uns geprägt haben. Dabei werden manche Ideen schon aussortiert, obwohl sie eine Chance verdient hätten. Da es sich bei Schwierigkeiten mit kindlichen Reaktionen natürlich um den kleinen Liebling dreht, können wir durchaus darauf bauen, dass Kinder für sich Lösungen finden können, die uns Eltern helfen würden. Du musst nur gut zuhören oder das Kind in die Problembewältigung mit einbeziehen

»Zieh dich an, wir müssen in zehn Minuten los!«

»Ich weiß nicht, wann zehn Minuten vorbei sind. Mein Freund sagt, bei ihm klingelt ein Wecker, wenn er seine Schuhe anziehen soll.«

oder

»O je, wir haben vergessen, dein Frühstück zu machen und ich habe keine Zeit mehr!«

»Mama, ich nehme auch trockenes Brot und frage, wer mir etwas Obst abgeben könnte.«

Neue bzw. unerwartete Verhaltensweisen bringen auch Kinder aus dem Konzept. Sie merken, dass ihre Eltern doch nicht so manipulierbar sind, wie bisher angenommen. Immer mal wieder anders zu reagieren, lässt so manchen Konflikt schon im Keim ersticken.

Sollten all diese Anregungen auch nicht fruchten oder ist deine Reizschwelle mittlerweile so hoch, dass du keine Experimente mehr wagen möchtest? Dann warte bitte nicht zu lang und lass dich von einem Experten beraten, denn auch andere Eltern in der Kita, auf dem Spielplatz oder mitunter auch dein Partner bauen Druck auf, falls keine Besserung in Sicht ist. Lass dich durch die nicht verunsichern, denn dein Kind ist genauso einzigartig wie alle anderen auch. Es hat nur noch nicht richtig gelernt, seine Wut in den Griff zu bekommen. Vertrau dich einem erfahrenen Familientherapeuten oder Kinderpsychologen an, um Hilfe zu erhalten. Das ist kein Schuldeingeständnis, sondern ein mutiger Schritt für die ganze Familie! Schließlich geht es hier um euch alle, eure Familienbande und schlussendlich auch um deine Nerven und deinen Seelenfrieden!

ZUSAMMENFASSUNG

Nutze eine Auszeit, um die Lage zu entspannen!

Trau dich, unkonventionelle Lösungen (auch mit deinen Kindern) zu finden und auszuprobieren!

Hole dir Rat bei einem Experten!

4. Eine richtige Familienbande werden

Justus (4 Jahre) fragt:
»Können wir mal wieder pickmanicken?«

Das Bundesministerium für Familie, Senioren, Frauen und Jugend (BMFSFJ) stellt in seinem »15. Kinder- und Jugendbericht« sowie dem »Zukunftsreport Familie 2030« eindeutig fest, dass die »Familie eine wichtige emotionale Funktion erfüllt«, denn »Geborgenheit und soziale Einbindung in den Familien haben in den zurückliegenden Jahrzehnten erkennbar weiter an Bedeutung gewonnen.« Die schon immer große Wertschätzung der Familie ist danach in den zurückliegenden Jahren noch einmal deutlich gewachsen: Während 1998 68 Prozent der Bevölkerung angaben, »dass ihnen die Familie ein Gefühl von Sicherheit vermittelt«, sind es bei der Veröffentlichung im Jahr 2017 79 Prozent. Daneben stieg der Anteil unter den Befragten, die Familie mit »Lieben und geliebt werden« gleichsetzen von 77 auf 87 Prozent. »Die Familie eröffnet Gestaltungsfreiräume und die Möglichkeit, Verantwortung für Menschen zu übernehmen und ist damit für viele eine Sinn- und Lebensziele vermittelnde Instanz«, so der Kinder- und Jugendbericht.

Die positive Entwicklung zeigt die Bereitschaft junger Eltern, diesen Trend fortzusetzen und für ihre Kinder eine sichere Basis zu schaffen, um ins Leben starten zu können. Eine Familie kann allerdings nicht einfach nach Schema F gebaut werden. Sie kann so vielfältig sein, wie das Leben an sich. Mit jedem neuen Familienmitglied ändert sich das Gefüge ebenso wie bei jedem Abschied. Und ist es auch ein ganz kleiner, wie der Eintritt in den Kindergarten als stündlicher Abschied vom Zuhause. Die Kombinationsmöglichkeiten aller Charaktere, Fähigkeiten, Altersgruppen, Aufgaben innerhalb und außerhalb der Familie sowie die Zeiten gemeinsamen Beieinanderseins sind enorm. Gab es vor vielen Jahren das gängige Bild einer Familie bestehend aus Mama, Papa und den eigenen Kindern, sind wir heute alle viel weltoffener und sehen eine alleinstehende Mama mit ihrem Kind genauso als Familie an wie zwei Männer, die mit adoptierten Kindern zusammenleben. Dieser innere Kreis, auch als Kernfamilie bezeichnet, wird von einem äußeren Familienkreis umgeben, zu dem dann die Großeltern und Geschwister der Eltern zählen, aber mitunter auch nahestehende Freunde, Leih-Großeltern etc. Mit dieser Vielschichtigkeit der Familie können die Kinder ausgesprochen gut betreut, großgezogen und ins Erwachsenenleben hinein begleitet werden.

WARUM EINE STARKE FAMILIENBANDE IN KRISENSITUATIONEN DER RETTENDE ANKER IST

Anthropologen sind sich sicher, dass ohne Bestehen von Familien und familiären Strukturen die Menschheit nicht überlebt hätte. Während Mütter sich vorrangig um den Nachwuchs und den »Haushalt« gekümmert haben, trugen die Männer das Essen zusammen und beschützten ihre Familien. Auch wenn sich dieses Bild gewandelt hat, so ist die Botschaft gleich – wir brauchen einander, um zu überleben. Steuert jemand aus der Familie auf eine Krise zu, so wird eine intakte Familiengemeinschaft sich um diese Person kümmern, ganz egal, ob es sich um ein Kind oder einen Erwachsenen handelt. Dieses empathische Verhalten, welches Kinder irgendwann auch außerhalb der Familie anwenden, wird von den Eltern vorgelebt, so dass die Kleinen es entsprechend ihrer Entwicklung (frühestens ab vier Jahren) in ihr Leben einbeziehen werden.

Ein gutes Verhältnis innerhalb einer Familie fällt leider nicht vom Himmel. Wir müssen jeden Tag daran arbeiten, damit sich alle Mitglieder wohlfühlen, sich zugehörig fühlen und wissen, dass sie wertgeschätzt werden. Als Eltern können wir unsere Kinder dabei unterstützen, indem wir ihnen Liebe schenken, einen Vertrauensbonus anbieten, gewisse Freiheiten lassen, ihre Selbständigkeit fördern, sie mitbestimmen lassen und füreinander da sind. Befindet sich das Kind in einer Krise oder steuert auf eine zu, dann kann es in der Familie aufgefangen werden. Hier ist ein sicherer Ort, um all seine Probleme aussprechen und ausleben zu können, auch wenn die Wände mal gewaltig wackeln. Sich öffnen kann ein Mensch nur dort, wo er sich sicher und verstanden fühlt, wo er weiß, dass ihm jemand zuhört, seine Sorgen ernst nimmt, ihn tröstet und nach einem Ausweg sucht. Das kannst du auch auf dich übertragen, denn solltest du in einer Krise stecken, werden die Kleinen dies bemerken und schon mit vier Jahren können sie verstehen, dass es Mama oder Papa nicht gut geht, und mit einem Kuss, einem süßen Lachen oder einer kleinen Kuschelzeit dein Gemüt ein wenig aufhellen. Je intensiver sich alle Familienmitglieder miteinander beschäftigen, umso eher und gezielter spüren sie, wenn etwas nicht stimmt. Umso leichter fällt es dem Sorgenkind aber auch, sich mitzuteilen. Und so können Konflikte frühzeitig angepackt werden, um sich erst gar nicht zu einem großen Sorgenberg aufzutürmen.

Anregung

Um diesen Familienzusammenhalt aufzubauen und zu stärken, kannst du die Kleinen spielerisch einbeziehen. Malt beispielsweise ein Türschild mit eurem Familiennamen. Jedes Kind darf sich selbst darunter zeichnen, einen Fingerabdruck hinterlassen, seinen Namen schreiben oder aufkleben, ein Foto befestigen etc.. Ihr könnt auch ein Fotoalbum (auch am PC, Tablet) mit schönen Erinnerungen gestalten, das ihr öfter anschaut, und über vergangene Erlebnisse redet. Eine wunderbare Idee sind individuelle Puzzles, die es bereits mit wenigen Teilen gibt, ein persönliches Memory oder Domino. Neben diesen kreativen Dingen fördern auch gemeinsame Unternehmungen und Tätigkeiten die Zusammengehörigkeit. Wie gern erinnern sich viele Erwachsene an die Back-Marathons im Advent, wenn der Küchenboden klebte, das Mehl in jeder Pore saß und das Eigelb mitsamt den Dekostreuseln im Haar hing. Oder das Kastaniensammeln im Herbst, der Spielenachmittag bei Schietwetter, die kleine private Faschingsfeier, wenn Papa seine Krawatte um den Kopf band und Mama ein paar Bonbons rieseln ließ, als wärt ihr live beim Karnevalsumzug in Köln gewesen. Oder der kuschelige Sonntagmorgen, der stundenlang dauern konnte und in einer Kissenschlacht oder Kitzelattacken und großem Kichern endete, das gemeinsame Schweigen, wenn es an der Tür klingelte und ihr gerade jetzt keinen Besuch haben wolltet und die große Freude, wenn der Besuch sich wieder von dannen machte oder die kleinen Heimlichkeiten, wenn die Kinder einem Elternteil eine kleine Überraschung in die Tasche steckten, um ihm auf Arbeit eine Freude zu machen. Dies alles sind Momente, die du immer wieder genießen kannst. Denn eins ist klar: wer schöne Stunden miteinander verbringt, der tut sich leichter, auch schwere Stunden miteinander zu teilen.

Das Familienleben kann auf vielen Stützpfeilern aufgebaut werden, die ineinandergreifen sollten. Darunter sind, wie du bereits weißt, die bedingungslose Liebe, das Vertrauen untereinander, das Gefühl von Sicherheit und Geborgenheit sowie die ausgeglichene Befriedigung der Bedürfnisse aller Familienmitglieder. Unsere Kinder kommen als soziale Wesen auf diese Welt und brauchen entsprechend Unterstützung durch die Eltern, die für den Aufbau einer gesunden emotionalen Bindung zuständig sind. Diese soll einerseits Sicherheit bieten und andererseits die Erkundung der Umwelt und die Selbständigkeit fördern. Laut des BMFSFJ und der »World Vision Kinderstudie 2010« gibt es »Hinweise darauf, dass es genau die Verbindung aus gewährter Autonomie und Zuwendung ist, die Kinder in der Beziehung zu ihren Eltern in der Form schätzen, dass sich ein signifikanter Zusammenhang mit einer hohen Lebenszufriedenheit aufzeigen lässt.« Kinder brauchen demzufolge ein Umfeld, in dem sie als Individuum wahrgenommen und gefördert werden.

Als Eltern ist es unsere Aufgabe, diese solide Basis zu schaffen. Das Handwerkszeug dazu bringen wir alle mit, denn unsere soziale Kompetenz hat sich bereits entwickeln können und wurde durch eigene Erfahrungen bereichert, die manchmal erfreulich waren und manchmal als Lernergebnis abgespeichert wurden. Erinnere dich nur an deine eigene Kindheit. Wurdest du um deiner selbst Willen geliebt? Dann gib das weiter! Wurden deine Handlungen viel zu oft kritisiert? Lass das unbedingt weg! Kinder, und natürlich auch wir Erwachsene, wollen doch so angenommen werden, wie wir sind, mit allen unseren Facetten. Auch die in manch anderen Augen als Makel abgestempelten Eigenschaften können liebenswürdig sein und machen uns so einzigartig. Der dicke Bauch ist nicht nur dick, sondern ungemein kuschelig! Der Sprachfehler kann Bahhiehen (Barrieren) überwinden, wenn dem kleinen Hobeht (Robert) beigebhacht wird, sich zu thauen und die Eltern Zuversicht ausstrahlen. Der rechte Schuh am linken Fuß? Entenfüße zaubern doch immer ein Lächeln ins Gesicht! Wurde dir als Kind ungeteilte Aufmerksamkeit geschenkt, wenn du etwas gesagt hast? Dann vergiss diese Lektion nie! Ein Kind wird das Interesse und leider auch das Desinteresse spüren und sich entsprechend zugehörig zur Familie fühlen oder eben nicht. Wenn du die Aufmerksamkeit gerade nicht vollständig auf ein Kind fokussieren kannst, weil das Jüngste wegen Bauchkrämpfen weint, dann versuche deinem älteren Kind zu erklären, dass du gerade nur mit einem Ohr zuhören kannst, sich ihm jedoch später widmest. Das Interesse und damit auch die Wertschätzung gegenüber deinem Kind hast du zum Ausdruck gebracht und verschiebst die gemeinsame Beschäftigung nur zeitlich nach hinten. Diese Methode ist wesentlich geeigneter, als halbherzig zuzuhören, denn die feinen Antennen des Kindes spüren den Unterschied. Würden sich solche Situationen häufen, muss das Kind um Aufmerksamkeit kämpfen und eröffnet Schauplätze (u. a. Trotzreaktionen).

Eine weitere wichtige Basis innerhalb der Familienbande ist das Vertrauen. Kinder benötigen dazu einen Vorschuss, denn sie kommen unvollendet auf diese Welt. Jeder Schritt, den sie tun, erfordert Mut, Anstrengung und manchmal auch ein bisschen Glück. Neue Kontinente wurden nur entdeckt, weil sich Menschen wagten und Vertrauen hatten, in sich, in die Technik und in andere Menschen. So ähnlich funktioniert das in einer Familie auch. Unterstützen wir unsere Kleinsten und trauen ihnen zu, ihren eigenen Weg zu gehen, Grenzen zu testen und Grenzen zu überschreiten! Vertrauen wir ihren eigenen Fähigkeiten (wie dem Sättigungsgefühl) und motivieren wir sie, etwas Neues zu erlernen. Erfolgserlebnisse, die die Kleinen aus eigener Kraft geschafft haben, stärken ihr Selbstvertrauen! Im Gegenzug vertrauen die Kinder auch uns, dass wir wissen, was in jedem einzelnen Moment zu tun ist, dass wir sie anleiten auf ihrem Entwicklungsweg und für sie da sind, wenn es brenzlig wird. Vertrauen beruht auf Gegenseitigkeit und sollte den Kindern immer gewährt werden, auch wenn sie ohne Aufsicht schon mal Dummheiten anstellen. Sie vertrauen dir, dass du Grenzen setzt, wenn es notwendig wird!

Kinder wollen in die Familie einbezogen werden. Sie wollen ein Mitspracherecht, besonders wenn sie direkt involviert sind. Über einen guten Dialog miteinander haben wir schon mehr als einmal gesprochen (siehe z.B. Seite 55, 77, 116, ...). Kinder möchten natürlich auch Verantwortung übernehmen, wenn sie dazu in der Lage sind. Das sollte doch kein Problem sein, oder? Auch wenn die Zeit drängt, kann doch der kleine Mann mit dem Besen die Krümel zusammenfegen. Ist die Zeit rum, dann macht ihr das einfach später fertig. Ein bisschen Mut zur Unperfektion bereichert dein Leben, wenn du es mal ausprobieren möchtest. Und wenn die strenge Oma kommt und der Boden auch ein Streuselkuchen sein könnte, dann reagierst du gelassen: »Theo macht das so super und kehrt in jedem Winkel ganz akkurat alles zusammen, dass wir einfach nicht fertig geworden sind.«

Nicht zuletzt sollten in einer Familie alle Mitglieder als gleichwertig betrachtet werden. Jeder hat seine ganz eigenen Bedürfnisse und diese sollten in einem ausgewogenen Verhältnis befriedigt werden. Sehr häufig stellen Eltern ihr Anliegen hintenan und verlieren dadurch nicht nur an Lebensqualität. Es können sich daraus sogar Spannungen innerhalb der Familie ergeben. Ein gutes Gleichgewicht für alle zu finden, ist deshalb essenziell. Auch Kinder können lernen, dass ihr Bedürfnis gerade etwas warten muss, weil Mama oder Papa eine kleine Pause brauchen. Natürlich brauchen jüngere Kinder mehr Aufmerksamkeit und deshalb ist das Verhältnis oft nicht ausgewogen, aber darum geht es auch gar nicht. Vielmehr sollen Eltern gezielt darauf achten, den Fokus nicht komplett auf die Kleinsten zu legen und sich selbst auch als Person mit Bedürfnissen wahrzunehmen.

WIE MAN SEINE FAMILIENBANDE STÄRKT RITUALE FÜR DEN ALLTAG

Rituale haben seit jeher die Menschen begleitet und sind ein fester Bestandteil in allen Kulturen. Sie werden auf vielen Ebenen und meist unbewusst vollzogen. Denke nur an den Guten-Morgen-Kuss, mit dem du dein Kleines weckst, das Anziehen von Straßenschuhen, wenn du nach draußen gehst, der gemeinsame Spielenachmittag am Sonntag, die Geschenke und Gratulationen zum Geburtstag oder die Taufe eines Babys. Rituale können demzufolge religiös (z.B. Taufe) oder allgemeingültig (z.B. Geburtstag) sein, für die gesamte Bevölkerung gelten (z.B. Grüßen) oder nur in kleinen Gemeinschaften (z.B. Familie) ausgeübt werden. Sie zeichnen sich durch einen bestimmten Ablauf aus, der von allen eingeübt wird, so dass das Ritual praktisch ohne nachzudenken vollzogen wird. Haben Kinder erst einmal gelernt, dass vor dem Essen die Hände gewachsen werden, werden sie sich automatisch zum Waschbecken begeben, wenn Mama oder Papa zu einer Mahlzeit rufen. Im Grunde hinterfragt im Alltag niemand, warum dieses oder jenes Ritual ausgeführt wird. Es hat sich sozusagen im Inneren verankert und wird einfach abgerufen. Für die Kleinen ergeben sich daraus viele Vorteile. Durch den festgelegten Ablauf und die wiederkehrende Anwendung haben sie etwas erlernt, womit das Denkvermögen geschult und ihre Selbständigkeit gefördert wurde. Das Ritual gibt eine gewisse Struktur und Kontinuität vor, die Sicherheit bietet. Die Kleinen wissen einfach, was zu tun ist. Rituale sind oft mit Regeln verbunden. Kinder werden dabei angeleitet, sich an diese zu halten, und aus den Folgen einer Grenzüberschreitung lernen. Nicht zu vergessen ist auch, dass unsere Kinder ganz unbedarft auf diese Welt kommen. Mit kleinen Ritualen können die Eltern ihr Kleines an das Leben und den Familienalltag gewöhnen. Möchtest du den Tag- und Nacht-Rhythmus festigen, den Babys noch nicht kennen, so bieten sich Rituale für den Morgen und tagsüber sowie Rituale für den Abend und die Nacht an. Letztere sollten den Säugling zur Ruhe bringen, damit er begreifen kann, dass es nun Zeit zum Schlafen wird, wohingegen am Morgen ein muntermachendes Ritual hilfreich ist, um in den turbulenteren Tag zu starten.

Das Besondere an Ritualen innerhalb der Familie ist die gemeinsame Basis. Alle Familienmitglieder wenden dieses Ritual an, sodass es ein Zusammengehörigkeitsgefühl auslöst und eine feste Bindung schafft. Um eine Familie zu stärken, sind Rituale also eine wunderbare Möglichkeit. Wahrscheinlich gibt es bei euch zuhause schon eine Menge kleiner Angewohnheiten, die als Ritual zu bezeichnen sind. Einen Teil davon hast du vielleicht aus deiner Kindheit, womöglich sogar unbewusst, übernommen und in deinen Alltag integriert. Andere Ideen bringen die Kleinen manchmal selbst ein oder es entwickeln sich im Laufe der Zeit Familienrituale aus verschiedenen Situationen heraus. Da es unzählige Rituale für eine Familie geben kann, möchte ich dir nur ein paar Beispiele vorstellen, die du vielleicht noch nicht probiert hast und die sich auf viele der im Theorie-Kapitel 2 (ab Seite 23) besprochenen Konflikte beziehen.

ORDNUNGS-RITUAL: **Aufräumen mit Spruch**

Für die ersten Einsätze sprichst du immer wieder diesen Reim und zeigst deinem Kind, wo welches Spielzeug hin geräumt wird. Später kann es dann allein den Spruch aufsagen und auch aufräumen.

Ich bin bereit, denn es ist soweit!

Ich hüpfe hin, ich hüpfe her,
aufzuräumen ist nicht schwer!

Einmal schnell im Kreis gedreht,
schon sind die Sachen weggeweht!

Zweimal kräftig die Hände reiben,
sodass keine Sachen liegenbleiben!

Ich stampfe auf den Boden laut,
dann wird das Spielzeug schnell verstaut!

ANTI-TRÖDEL-RITUAL: Die Guten-Morgen-Polonaise

Sie bringt nicht nur kleine Yogis zum Aufwachen (siehe Abschnitt »Trödeln«, Seite 90) und eignet sich besonders gut, wenn alle Familienmitglieder nahezu zeitgleich aufstehen müssen. Als Elternteil kannst du natürlich auch schon angezogen sein und das Frühstück vorbereitet haben. Nacheinander weckst du jemanden, der sich dir anschließt und zum nächsten wandert. Mit einem Lied, einem Reim, einer Anleitung (»Möchte heute zuerst das rechte Bein aufstehen oder krabbeln die Arme aus dem Bett?«) oder Musik aus dem Radio könnt ihr noch ein paar kleine Runden drehen, bis sich alle an den Anführer angehängt haben und ins Badezimmer marschieren. Auch wenn der Aufwand etwas müßig erscheint und eine gewisse Zeit in Anspruch nimmt, so sind nach der Polonaise zumindest alle wach und können gezielter, ohne zu Träumen, ihren Aufgaben nachgehen.

ESSEN: Olchis-Mahlzeit

Viele Kinder kennen und lieben die so ganz anderen Vorstellungen von Sitten und Unarten der Olchis. Warum sollten sie die dann nicht einmal ausprobieren dürfen. Dieses Ritual sollte natürlich Seltenheitscharakter haben und vielleicht nur ein oder zwei Mal pro Monat stattfinden. Und nur an diesem Ritual dürfen alle mit den Fingern essen, schlürfen, rülpsen, sich den Mund so richtig verschmieren, die Hände abschlecken oder ähnliches. Als Eltern solltet ihr selbstverständlich mitmachen und Spaß haben! Für diese eine Mahlzeit können die Speisen so ausgesucht werden, dass nicht das ganz große Chaos ausbricht. Pommes oder Würste sind ideal zum Essen ohne Besteck. Das Schlürfen einer Kartoffelsuppe ist wesentlich günstiger als das einer Tomatensuppe.

Für ein tägliches Ritual eignen sich Gebete oder Reime, von denen du sicher einige kennst. Deine Kinder haben vermutlich aus der Kita Reime mitgebracht. Unser Lieblingsspruch war folgender: »Jeder esse, was er kann, nur nicht seinen Nebenmann. Und wir nehmen‘s ganz genau, auch nicht seine Nebenfrau.«, weil hier deutlich wird, dass die Menge für jeden entsprechend seines Hungers wählbar ist.

SCHLAFEN: Der Familien-Express

Er bringt die Kleinen ins Bett und kommt eher ruhig daher. Dazu klammert sich das Kind an Mamas oder Papas Rücken fest und der Familien-Express tuckert los. Er fährt eventuell noch im Bad vorbei zum Pippi machen und Zähne putzen, und dann zum Bett. Der Express macht danach Feierabend und kann auch nicht mehr ins Kinderzimmer kommen. Als Namen kannst du den Familiennamen oder Vornamen des Kindes wählen, damit es persönlicher wird, z.B. »Maximilian-Express« oder »Müller-Express«.

KÖRPERHYGIENE: Petrus-Ritual

Petrus als Wettergott ist für viele Naturerscheinungen zuständig. Ihn kannst du zum nächsten Haarewaschen einladen, damit er zeigen kann, was er alles so drauf hat. Dein Kind soll ihm ein wenig helfen. Zunächst wird der Brauseschlauch als dunkle Wolke über das Kind gehalten und die Regentropfen beginnen, das Haar nass zu machen. Das Gesicht des Kindes möchte vor der Wolke fliehen und hält sich einen Waschlappen vor die Augen. Es wendet dabei das Gesicht zur Sonne und legt den Kopf in den Nacken. Und endlich hört der Regen auf. Doch was nun? In den Haaren schäumt nun Schnee, den das Kind sogar herunternehmen kann. Schafft es daraus, einen Schneemann zu bauen? Es muss sich beeilen, denn schon wieder regnet es. Der Schnee verteilt sich in der Badewanne und manche kleine Bläschen zaubern sogar einen Regenbogen. Nach dem Haarewaschen kommt noch der wilde Saharawind und bläst die Haare wieder trocken.

KÖRPERHYGIENE: Windel-Ritual

Für dieses Ritual müssen zuerst alle Kleidungsstücke herausgesucht werden. Danach verteilt ihr sie auf dem Boden, und zwar so, dass es wie ein Bild mit einer angezogenen Person aussieht. Wenn du möchtest, kannst du ein Gesicht auf Pappe malen oder ausdrucken, eventuell auch Hände und Hals. Anschließend wird das Kind zu der Person am Boden, indem es nacheinander alle Teile anzieht. So lernt es auch, an welche Stelle welches Kleidungsstück gehört. Einigt euch vorher, ob die Unterwäsche auf dem Bild unter der Oberkleidung liegt (wäre zwar logisch) oder darüber (bildet jedoch die richtige Reihenfolge beim Anziehen ab).

ANZIEHEN: Ein Bild wird lebendig

Für dieses Ritual müssen zuerst alle Kleidungsstücke herausgesucht werden. Danach verteilt ihr sie auf dem Boden, und zwar so, dass es wie ein Bild mit einer angezogenen Person aussieht. Wenn du möchtest, kannst du ein Gesicht auf Pappe malen oder ausdrucken, eventuell auch Hände und Hals. Anschließend wird das Kind zu der Person am Boden, indem es nacheinander alle Teile anzieht. So lernt es auch, an welche Stelle welches Kleidungsstück gehört. Einigt euch vorher, ob die Unterwäsche auf dem Bild unter der Oberkleidung liegt (wäre zwar logisch) oder darüber (bildet jedoch die richtige Reihenfolge beim Anziehen ab).

GESCHWISTER: Versöhnungsritual

Wie oft kommt ein mehr oder weniger großer Streit unter Geschwistern vor? Während die harmlosen schnell abgehakt und vergessen sind, können andere Konflikte nicht so einfach beigelegt werden und die Eltern müssen eingreifen. Hier bietet sich ein Ritual an, sodass sich die beiden Streithähne wieder vertragen können, ohne dass einer als Verlierer oder Gewinner dasteht. Das könnte folgendermaßen ausschauen. Beide dürfen ihre letzten Wutschreie loslassen. Dazu stellen sie sich gegenüber und brüllen, solange bis Mama oder Papa Stopp sagt. Dann schleichen sie langsam umeinander herum und sollen ein furchtbar grimmiges Gesicht machen. Mama beurteilt, ob es wirklich grimmig ist und macht mit, wenn sie Lust darauf hat. Eventuell lachen die Kleinen jetzt schon. Dann stellen sie sich wieder gegenüber und müssen sich mit Grimassen zum Lachen bringen. Wenn beide kichern, gibt es die Ghettofaust und der Streit ist beendet. Eine Nachbesprechung ist manchmal zusätzlich erforderlich, was du selbst am besten beurteilen kannst.

TEILEN: Spielzeug-Leihgabe

Um Kindern den Sachverhalt des Teilens näher zu bringen, kannst du jeden Abend um ein Spielzeug bitten, denn schließlich besitzt du nicht so schöne Dinge, wie deine Tochter oder dein Sohn. Vielleicht möchtest du an einem Abend mit dem Plüsch-Teddy kuscheln und am nächsten das blaue Spielzeugauto auf deinen Nachttisch stellen. Am Morgen gibst du es wieder zurück und bedankst dich dafür.

SELBSTÄNDIG SPIELEN: **Reim**

Je älter Kinder werden, umso eher spielen sie auch allein. Um den Kleinen den Einstieg in das selbständige Spielen zu erleichtern, könntest du ein Ritual einführen. Beginne mit einem Lied oder einem Reim: »Viktoria ist nicht mehr klein und spielt jetzt ganz allein. Mama ist darüber froh und geht solang in ihr Büro/hört solange Radio.« Dann sucht ihr gemeinsam oder das Kind allein eine Beschäftigung aus, damit du alles Erforderliche bereitstellen kannst. Mit einem Kuss, einem Streicheln, einem weiteren Reim »Bis nachher mein kleiner Schatz, ich hoffe, dass du Spaß jetzt hast.« etc. verabschiedest du dich.

FERNSEHEN UND MEDIEN: **Roulette**

In vielen Familien werden das Programm und die Dauer der Nutzung gemeinsam besprochen oder von den Eltern festgelegt. Manchmal fühlen sich die Kleinen dabei außen vor, weil ihnen nicht immer zugetraut wird, die richtige Sendung zu finden. Hier reiht sich das Ritual ein. Einmal in der Woche (beispielsweise Samstagnachmittag) darf ein anderes Familienmitglied über die Dauer (eine Höchstdauer dürft ihr als Eltern ruhig festlegen) und das Programm entscheiden. Alle anderen müssen mitschauen. Beim nächsten Mal ist ein anderer dran. Die Reihenfolge legt ihr vorher fest, damit es nicht zu Unstimmigkeiten kommen kann.

KINDERGARTEN: **Der Ghettofaust-Abschied**

Auch an den kleinsten Kindern gehen Trends der Jugend manchmal nicht so einfach vorbei. Seit vielen Jahren ist die Ghettofaust/der Faustcheck ein bekanntes Zeichen, wenn Kinder etwas gut vollbracht haben, beim Kommen und auch beim Gehen. Bevor dein Kleines in die Kita oder die Schule muss, bietet sich der Faustcheck in zweierlei Hinsicht an, vor allem für den etwas konfusen Wirbelwind. Es werden dabei spielerisch alle notwendigen Dinge für das Fortgehen abgefragt und zugleich ein »Auf Wiedersehen« praktiziert. Folgender Dialog könnte dahinterstehen:

»*Schuhe an?*« »*Check!*« mit Ghettofaust,
»*Schal/Tuch um, Mütze/Basecap auf, Handschuhe an/dabei?*« »*Check!*« mit Ghettofaust,

»Jacke an, Reißverschluss zu?« »Check!«,
»Frühstücksdose und Trinkflasche eingepackt?« »Check!« ...
»Alles klar?« »Check!«
»Dann Abmarsch in die Kita/ Dann Abmarsch und viel Spaß in der Schule!«

STRAßENVERKEHR: Ausbildung zum Polizisten

Vor dem Spaziergang, der Radtour oder der Fahrt mit dem ÖPNV könntest du dein Kind als Privatpolizisten engagieren, der dich sicher durch die Straßen begleitet. Vielleicht möchtest du dazu sogar einen speziellen Ausweis oder eine Dienstmarke basteln. Dann werden vor der Tour kurz die wichtigsten Regeln durchgegangen, damit der/die Polizist/in dir sagen kann, wie man sich richtig im Straßenverkehr verhält. Und dann geht es auch schon los. Natürlich darf dich dein Polizistenkind ermahnen, wenn du etwas falsch machst.

AGGRESSION: Mondrakete

Dieses Ritual muss vorher eingeübt werden, damit es im Notfall abrufbar ist. Und so könnte es gehen: mit viel Getöse (der Wut im Bauch) und Trampeln auf dem Boden hebt die Rakete ab (das Kind darf springen) und kommt dann in die Umlaufbahn. Es kann nun seinen Oberkörper in alle Richtungen biegen oder gehen und dabei immer langsamer werden. Wenn es dann die Umlaufbahn erreicht hat, verlässt ihn die Schwerkraft und das Kind bleibt ruhig auf dem Boden liegen und schwebt im Weltraum. Wenn es auf dem Mond angekommen ist, steigt es aus der Rakete aus und sein Tag (auch der reale) geht weiter. Du kannst auch eine ähnliche Geschichte mit einem brüllenden Löwen oder trampelnden Elefanten nehmen. Das »Tier« muss nur irgendwann zur Ruhe kommen.

TROTZ AUS PRINZIP: Malen

Für Tage, an denen das Kind einfach nicht aus seinem Trotz herauskommt, könntest du einführen, dass Bilder gemalt werden, und zwar zwei Stück, gern auch mehr. Das erste Bild soll all die negativen Emotionen auffangen und darf durchaus grau und schwarz werden. Animiere dein Kind alle Gefühle, die ihm nicht gefallen, in das Bild zu legen. Male ruhig auch mit und versuche ihm zu verdeutlichen, was damit gemeint ist, z. B. eine graue Wolke, ein Gewitterblitz oder ein tiefes Loch. Und anschließend soll dein kleiner Liebling ein weiteres Bild malen, so wie er/sie sich eine schöne Situation vorstellt. Es dürfen auch einfach nur Farben sein, die nebeneinander gekleckst werden. Du kannst auch gezielt fragen, was verschiedene Details bedeuten sollen oder wie es dem Kind geht bzw. was es fühlt. Falls ein buntes Bild noch nicht reicht, malt einfach weiter. Das Kleine soll sich hinterher gut fühlen.

Neben den einzelnen Konflikten aus Kapitel 2 können auch andere Sorgen oder Themen mit Ritualen behandelt und geheilt werden. Bei der Angst in jeglicher Form, ob beim Eintritt in die Kita, den wilden Monstern, die nachts Deutschlands Kinderbetten befallen (siehe »Schlafen«, Seite 99) oder fremden Menschen, können unter anderem imaginäre Schutzmäntelchen helfen, die Mama oder Papa um das Kind legen. Ebenso kannst du Wassertropfen als Zaubermittel gegen Angst präsentieren oder Bonbons geben, die die Kleinen mutig machen oder beschützen. Wer Haustiere hat, kann den Kleinen erzählen, dass sich Monster nicht in die unmittelbare Umgebung von Katzen (die kratzen ganz fürchterlich), Hunden (die bellen zu laut und beißen) oder Hamster (die sind nachts wach und passen auf die Kinder auf) trauen. Ebenso könnte es sein, dass Monster das Licht scheuen und deshalb eine kleine Nachtlampe diese Viecher vertreibt.

Ein sehr hilfreiches und vielfach einsetzbares Ritual, welches seit Jahrtausenden besteht, ist das Gebet. Es kann den täglichen Abschied von zuhause und den Eltern leichter machen (»*Jeden Schritt und jeden Tritt gehst du, lieber Heiland, mit. Gehe mit mir ein und aus, bring mich wieder gut nach Haus!*«), den Tag begleiten (»*Wohin ich auch gehe, ob ich liege oder stehe, ob ich schlafe oder wache, ob ich träume oder lache. Auf all meinen Wege hilfst du, lieber Gott, mit deinem Segen!*«) oder den Schlaf (»*Müde bin ich, geh zur Ruh, schließe meine Äuglein zu. Vater, lass die Augen dein über meinem Bette sein!*«).

Und wenn du auch nicht gläubig bist, so kannst du ähnliche Sprüche oder Reime einsetzen, um dem Kind ein Stück Sicherheit zu vermitteln. Das Wort Gott oder Heiland lässt sich auch durch andere Beschützer ersetzen. Die stete Wiederholung, wie sie auch bei Autosuggestionssprüchen (Mantras) verwendet wird, ist der Schlüssel zum Erfolg.

5. DIE PROBLEME DER KLEINEN ERNST NEHMEN

»Mama, kannst du mal kommen?«
»Ja! Gleich.«
»Dein oder mein Gleich?«

Viele Emotionen, die dein Kleines erfährt, sind schlicht und weg Neuland und sorgen damit auch für Unruhe und Unsicherheit bis hin zu Ängsten. Für uns Eltern steht es deshalb außer Frage, die Kleinen bei all diese Erfahrungen liebevoll zu begleiten und sie darin zu bestärken, dass alles in Ordnung ist, selbst bei einem heftigen Wutanfall, der möglicherweise auf eine Unsicherheit zurückzuführen ist. Nicht immer sind Trotzreaktionen mit Machtspielchen gleichzusetzen. Diese Feinheiten zu differenzieren, schaffst du ganz leicht mit deiner Intuition. Vor allem zu Beginn der Trotzphase, wenn die Kleinen bemerken, dass sie eine eigene kleine Persönlichkeit sind und sich für ihre Belange selbst einsetzen können, ist der Aufruhr in ihrem Körper einfach da und sucht sich einen Weg nach draußen. Erst später, wenn sie gelernt haben, dass Wutanfälle ihre Eltern reizen und damit erfolgreich einige Bedürfnisse, wie die Schokolade an der Supermarktkasse, eingefordert werden können, begreifen Kinder, dass sie ihre Eltern steuern können. Wie bereits in Abschnitt »Schlafen« im separaten Exkurs beschrieben wurde, können sich die Kleinsten nicht selbst regulieren und brauchen dich. Sie brauchen dich aber nicht nur dabei, sondern bauen auf dich, dass du bemerkst, wenn es Probleme gibt. Selten können sie mit zwei oder drei Jahren gezielt ausdrücken, was sie bedrückt. Und auch ältere Kinder kommen nicht immer zu dir, um sich zu öffnen. Manchmal wissen sie nicht, dass es tatsächlich eine Schwierigkeit zu bewältigen gibt. Oder sie trauen sich nicht, warten einfach mal ab. Deshalb bist du gefragt und solltest genau hinhören, hinschauen und hinfühlen und kleine Details genauer betrachten.

Rollenspiele mit Puppen beispielsweise habe ich in diesem Zusammenhang schon einmal erwähnt. Puppen können aber auch durch Autos, Flugzeuge, Kuscheltiere etc. ersetzt werden, wenn deinem Kind das besser liegt oder die Lieblingssendung von diesen handelt. Dadurch können sich Kinder leichter mit der imaginären Figur identifizieren. Nutze diese Figuren auch in Geschichten, die du so gestalten kannst, dass das vermeintliche Problem angesprochen wird und sich dein Kind dadurch verstanden fühlt. Es ist auch denkbar, die Seiten zu wechseln, wenn dein Kind schon etwas älter ist. Dann spielst du vielleicht deine unordentliche Tochter oder den sich nicht anziehen wollenden Sohn. Bleib dabei spielerisch und lacht ruhig gemeinsam. Auf keinen Fall solltest du diesen Rollentausch zu ernst nehmen.

Ist das Problem erst einmal erkannt, braucht dein Kleines Verständnis deinerseits und die Zuversicht bzw. das Vertrauen, dass eine Lösung gefunden werden kann. Zeige ihm, dass niemand perfekt sein kann und Fehler einfach zum Lernen da sind. Nur weil der Teller beim Tisch Decken kaputt gegangen ist, ist das Kind trotzdem ein toller Helfer. Das passiert schließlich auch den Erwachsenen. Und wenn die Hose mal wieder nass geworden ist, weil es einfach nicht rechtzeitig das Klo erreicht hat, dann ist das nur ein Malheur, das passieren kann. Vermittle deinem Kind, dass jeder einzigartig ist und manche Kinder Dinge schneller können und manche eben später, dass einige Kinder gut malen können und andere wiederum besser turnen. Und dann schenke deinem kleinen Liebling die Zuversicht, dass es alles erreichen kann, wenn es sich das selbst zutraut! Lass es auch wissen, dass du immer zur Stelle bist, wenn es Hilfe braucht. »Und zeige dem Kind, dass auch du oft mehrere Anläufe brauchst, bis etwas klappt.«. Nicht immer geht auch bei dir alles allein und du brauchst Unterstützung, im Idealfall sogar von deinem Kind (etwas aufheben, Gemüse schnippeln, Blätter zusammenfegen etc.). So kann es aus deiner Vorgehensweise lernen.

Sehr oft passieren kleine Unglücke, wo dein Liebling auf einen Trost angewiesen ist, auch wenn die physische oder psychische Wunde noch so klein ist. Wie oft habe ich ein Pflaster aufgeklebt, wo gar nichts war. Die Heilung setzt aber genau durch diese Geste ein und deshalb hat die Methode auch funktioniert, wenn eines meiner Kinder seelisch verletzt wurde. Wenn die beste Freundin mal eben so daher sagt, dass sie jetzt das neue Mädchen in der Gruppe viel lieber mag, dann helfen nicht nur Verständnis und Trost, sondern auch ein Pflaster am Herz, damit es nicht mehr so weh tut. Dazu kommt anschließend die Motivation, die so ein kleiner Mensch braucht, um sich den anzugehenden Problemen stellen zu können. Das könnte in diesem Fall ein kurzes Gespräch sein. Vielleicht erfährst du dabei, ob deine Tochter wirklich ausgegrenzt wurde oder sich einfach nicht traut, auch auf das neue Kind zuzugehen. Vielleicht ist sie aber auch eifersüchtig, weil sie ihre Freundin nun teilen muss. Wenn der Sachverhalt geklärt ist, kannst du deine Tochter motivieren, ihren eigenen Weg zu finden, mit dieser Situation umzugehen. Sie könnte einfach auf beide Mädchen zugehen und mitspielen. Falls sie sich nicht traut, bittet ihr eine Erzieherin um Hilfe. In diesen Bereich fällt auch die Motivation, seinem Kind eigene Lösungsvorschläge zuzutrauen.

Sophies Turm stürzt ein, wenn er zu hoch wird.

Mama bietet ihre Hilfe an und baut mit.

Mama entdeckt den Fehler und möchte eine neue Variante ausprobieren. Sie möchte, dass sich Sophie auf ein Bein stellt.

Sophie kann das nicht, ohne sich festzuhalten.

Sophie möchte das nicht. Dafür stellt sich Mama auf ein Bein und wackelt solange, bis sie umfällt.

»Sieh mal Sophie! Das ist wie bei deinem Turm. Er ist nicht stabil. Was meinst du, wie wir das ändern können?

Sophie hat eine Idee.

Sophie hat noch keine Idee. Mama muss in die richtige Richtung lenken. »Schau mal deinen Fuß an und das Bein. Er hat eine größere Fläche, damit du stehen kannst.«

Sie bauen zusammen die Basis des Turms breiter und werden nach oben schmaler.

Einem Kind, dem ausreichend Freiraum zur Selbstentfaltung und zum Probieren verschiedener Tätigkeiten zugestanden wird, tut sich mit Lösungsansätzen leichter. Es weiß, welche Fähigkeiten in ihm stecken und kann diese gezielt einsetzen. Zudem wird die Kreativität gefördert, wenn man die Kleinen einfach machen lässt. Du wirst staunen, was in deinem Kind so alles stecken kann, wenn du es nur lässt. Denn auch die kleinsten Erfolgserlebnisse stärken das Selbstbewusstsein deines Kindes. Das Beispiel mit dem Turm verdeutlicht dies. Sophie wird ab sofort genauer überlegen, warum Dinge einfach umfallen, und versuchen, einen anderen Weg zu gehen, und wenn sie nicht weiterkommt, kann sie immer noch die Mama fragen. Hast du nun möglicherweise ein Kind zuhause, dass im Spiel versunken ist (Exkurs Flow – Seite 128) und deshalb vergisst, rechtzeitig auf die Toilette zu gehen, dann könntet ihr ebenfalls gemeinsam auf eine Lösung kommen. Falls du bereits eine Idee hast, schieb dein Kind ein bisschen dahin und, wenn es nicht von selbst darauf kommen sollte, musst du deutlicher werden. Ihr könntet beispielsweise schauen, welche Dinge dein Kind besonders faszinieren (möglicherweise Autos oder Bausteine). Gibt es nur zwei gelbe Autos oder drei besonders geformte Bausteine, so könntest du dein Kind dahingehend schulen, dass es immer dann kurz überlegt, ob es vielleicht Pipi machen muss, wenn es dieses Teil sieht. Das klappt natürlich nicht, wenn ein Spielzeug in großen Mengen vorkommt. Du könntest auch ein spezielles Lied auf der Lieblings-CD dafür auswählen oder den Moment, wenn das Kleine etwas holen muss, ansonsten aber viel sitzt, als idealen Zeitpunkt bestimmen, um an den Weg zur Toilette zu erinnern.

ZUSAMMENFASSUNG

Sei ein guter Zuhörer und schaue genau hin!

Zeige Verständnis und strahle Zuversicht aus!

Tröste dein Kind und biete ihm Hilfe an!

Mach deinem Kind Mut, seine Probleme selbst anzugehen und zu lösen!

6. Krisen der Kinder liebevoll begleiten

»So, die Oma haben wir jetzt schon gegossen.«
Lenny (5 Jahre) auf dem Friedhof zu seiner Mama

Gerade haben wir uns mit kleineren Problemen der Kinder beschäftigt. Doch was ist, wenn sich eine größere Krise im Leben des Kindes breit macht? Viele Kinder erleben den ersten großen Schritt der Veränderung beim Eintritt in den Kindergarten. Plötzlich werden sie aus der gewohnten Umgebung genommen und sollen sich in einer neuen zurechtfinden. Oder die Eltern trennen sich, weil sie keinen anderen Ausweg mehr sehen. Womöglich muss sich ein Kind auf das genaue Gegenteil einstellen und seinen Papa ab sofort mit einer anderen Frau und weiteren Kindern teilen. Oder der geliebte Opa ist an einer schweren Krankheit gestorben. Was ist, wenn das Kind einfach noch nicht in die Schule möchte und stattdessen noch ein Jahr länger in der Kita bleiben will. All diese Probleme sind nicht nebenbei zu lösen und erfordern die besondere Zuwendung durch die Eltern.

Fallbeispiel

Elli (5 Jahre) zieht mit ihrem Papa zu seiner neuen Freundin und ihren Kindern Leon (2 Jahre) und Sascha (4 Jahre). Elli ist sehr auf ihren Papa fixiert und hat Probleme, ihn zu »teilen«. Bei verschiedenen Familienzusammentreffen war Elli zum Teil unausstehlich.

Folgende mögliche Lösungsansätze sind dabei denkbar:

- *Papa erklärt und zeigt Elli immer wieder, dass er sie liebt. Auch in der neuen Familie wird sie weiterhin sein Sonnenschein sein.*
- *Papa führt mit Elli verschiedene Gespräche, um seine Gefühle, Ideen und Zukunftsvisionen ganz langsam zu vermitteln. Dieser Prozess dauert, daher lieber nichts überstürzen.*
- *Geschichten oder Filme über ähnliche Konstellationen können helfen, Ellis Weltbild von einer Familie zu verändern.*

- *Die positiven Seiten einer Patchwork-Familie und/oder Großfamilie beleuchten.*

- *Ellis Sorgen ernst nehmen und mit ihr gemeinsam Lösungen suchen. Allerdings soll Elli nicht nur ihren Willen durchsetzen können und muss sich auch einbringen.*

- *Kennenlernen in kleinen Gruppen, beispielsweise Papa, Elli und Sascha.*

- *Die neue Mama kann mit Elli etwas typisch Mädchenhaftes machen (Kleid kaufen, Haare stylen, Fingernägel lackieren). Vielleicht sich sogar in humorvoller Sicht ab und zu gegen die Jungs verbrüdern.*

- *Ausflüge in eine neutrale Umgebung, wie Zoo, Wald, Spielplatz.*

- *Ein Familien-Aufnahme-Ritual für alle soll jedes einzelne neue Familienmitglied herzlich willkommen heißen (z.B. mit dem Basteln eines Namensschilds mit allen Vornamen).*

- *Papa sollte weiterhin allein Zeit mit Elli verbringen, um die besondere Beziehung zwischen ihnen zu pflegen und ihr Rettungsanker in der neuen Familie zu sein.*

FALLBEISPIEL

Emily (2 Jahre) geht seit drei Wochen in die Kita und macht jeden Morgen Theater. Sie will wieder mit Mama nach Hause.

Emily will nicht in die Kita

Gründe suchen:

1. *Abschied von der Mama fällt schwer*
2. *Die neue Umgebung ist schwierig*
3. *Emily muss sich unterordnen*
4. *Emily traut sich nsicht, auf andere Kinder zuzugehen*
5. *Mama traut ihrem Kind diesen Schritt oder sich selbst nicht zu*

Mögliche Lösungen:

- *Emily übt diesen Lebensabscnitt bei Großeltern/ Tante/ Onkel, Eltern-Kind-Kreis (noch unter der Obhut der Eltern), auf dem Spielplatz (1, 2)*
- *Papa bringt Emily in die Kita (1)*
- *Eingewöhnungsphase mit den Eltern (2)*
- *Mama bringt Emily trotzdem in die Kita (1, 2, 3, 4, 5)*
- *Mama muss loslassen (5)*
- *Etvl. Andere Kindertagestätte suchen (2)*

* Für Kinder, die zuhause vor allen Hürden beschützt wurden, an Schwierigkeiten nicht wachsen kontten oder ihren Willen unbegrenzt durchsetzen konnten, ist es besonders wichtig, sie jeden Tag in die Kita zu bringen. Sie müssen lernen, dass sie Probleme angehen und überwinden können bzw. sich in einer Gemeinschaft als gleichwertiges Mitglied einordnen müssen.

FALLBEISPIEL

Tonis Opa ist gestorben, was für den Kleinen mit seinen drei Jahren nicht wirklich greifbar ist. Alle sind sehr traurig, doch Toni kann die Dimension noch nicht überreißen. Er möchte ebenfalls teilhaben und sollte natürlich nicht aus der Trauer ausgeschlossen werden, weil er noch so klein ist. Für diesen Fall bieten sich kindliche Erzählungen über den Tod und das Danach an. Beschreibe schöne Bilder und Situationen für Toni, damit er weiß, dass es Opa jetzt gut geht. »Dieser Stern am Himmel ist der Opa. Er schaut von oben zu dir herunter. Wenn du schläfst, küsst er dich auf die Wange.«, »Opa trinkt im Himmel ein Bier/ Kaffee/ Kakao mit seinem Freund, geht mit eurem verstorbenen Hund spazieren etc.«, »Dort scheint immer die Sonne und Opa kann den ganzen Tag seiner Lieblingsbeschäftigung nachgehen.« ...) Toni kann ein Bild malen und an das Grab legen. Du musst es irgendwann wieder mitnehmen, damit Toni beim nächsten Besuch sieht, dass »Opa es abgeholt hat«. Ihr könnt zu seinem Geburtstag Opas Lieblingskuchen backen und mit der Familie feiern, um sich an ihn zu erinnern. Bei uns wird dann noch zum Himmel hinauf gewunken und dem Opa gratuliert.

Nach diesen drei Fallbeispielen möchte ich nur noch einen weiteren großen Schritt im Leben eines Kindes beleuchten – die Einschulung. Auch wenn sich viele Kinder darauf freuen, verursacht die Schule dennoch ein mulmiges Gefühl. Daran sind vor allem die Erwachsenen schuld, denn mit ihren Worten »Jetzt geht der Ernst des Lebens los!« oder »Sei froh, dass du noch in den Kindergarten gehst.« können bei den Kindern Ängste ausgelöst werden, auch wenn diese nur unbewusst vorhanden sind. Warum sollten wir Eltern es unseren Kleinen unnötig schwer machen? Sprecht mit den Großeltern, Verwandten, Freunden und, wenn sie es nicht besser wissen, auch mit den Erzieher/innen über diese alten Glaubenssätze. Kinder sollten nicht schon während ihrer Vorfreude unter Druck gesetzt werden. Leider zieht das Vergleichen der Leistungen in den ersten Schulwochen weitere Kreise. Manche Eltern können da ziemlich gnadenlos sein. Deshalb bitte ich dich, auf keinen Fall mitzumachen! Auch hier braucht dein Kleines dein Vertrauen in seine Fähigkeiten und deine Zuversicht, dass es alles schaffen kann, egal in welchem Zeitrahmen. Und lass dich bloß nicht unter Druck setzen, weil deine Tochter noch nicht so schnell rechnen kann oder dein Sohn etwas krakelige Buchstaben schreibt. Kinder spüren diesen Druck ebenso und wünschen sich viel lieber deine uneingeschränkte Bestätigung, dass sie sie selbst sein dürfen.

7. Glücklicher Kinderalltag

Mama: »Willst du heute wieder ein Eis?«

Valerie (2 Jahre): »Ja, Mamille und Ratscherteller.«

Sicherheitsbonus: Kinderalltag, wenn ein Elternteil daheim ist

Für viele Mütter geht der Berufsalltag auch nach der gesetzlich festgelegten Frist von acht Wochen noch nicht gleich weiter. Sie wollen diese erste Zeit mit ihrem Baby genießen und sich ausschließlich um das Neugeborene, den Haushalt und die Familie kümmern. Mitunter entscheidet sich ein Elternteil, die ersten Jahre nach der Geburt der Kinder komplett zuhause zu bleiben. Viele Vorteile dieses Modells liegen auf der Hand. Durch die eindeutige Entscheidung zugunsten der Familie fällt die Doppelbelastung zwischen Beruf und Familie weg. Der Alltag kann leichter organisiert werden. Dadurch ist es möglich, ausreichend Pausen einzubauen. Im Idealfall werden dadurch Affektreaktionen durch diesen Elternteil vermieden. In der Theorie versteht sich, denn niemand ist vor solchen Situationen gefeit. Ohne zusätzliche berufliche Belastung fällt es aber meist leichter, gelassener zu reagieren. Zumindest habe ich aus meiner eigenen Erfahrung diesen Eindruck gewonnen. Voraussetzung dafür ist natürlich, dass du auch in allen anderen Bereichen zufrieden bist. Es gibt durchaus Mamas oder Papas, die sich für die Kinder und gegen den Beruf entschieden haben und damit furchtbar unglücklich sind. Sie werden zuhause nicht entspannt zuschauen können, wie die lieben Kleinen der Zimmerpflanze einen neuen Haarschnitt verpassen oder das Brötchen in Vogelfutter zerlegen. Dann wird ihnen mit Sicherheit auch schneller der Kragen platzen. Bist du jedoch in deinem Element und kümmerst dich mit Freude um den Nachwuchs, dann kann der Alltag daheim dein Stresslevel reduzieren, was ebenso deinen Kindern zugutekommt.

Wissen die Kleinen, dass immer jemand da ist, der sich um ihre Bedürfnisse sowie die kleinen und großen Sorgen kümmern kann, fühlen sie sich behütet. Es stärkt zudem die Bindung, wenn die Kinder erst mit drei Jahren in die Kita gehen anstatt schon mit zwölf Monaten. Dass ein frühes Kita-Leben auch seine Vorzüge haben kann, liest du im nächsten Abschnitt. Bei der Konstellation »Alltag mit einem nicht berufstätigen Elternteil« ist die Struktur meist etwas anders gestaltet als bei berufstätigen Eltern. Mama oder Papa sind praktisch unbegrenzt verfügbar. Hier darfst du nicht vergessen, trotzdem einen gut strukturierten Alltag zu leben, damit die Kleinen wissen, wann sie Zeit mit dir verbringen können und wann sie sich allein beschäftigen müssen. Brauchen sie Hilfe, bist du trotzdem jederzeit da. Probleme müssen nicht warten, bis Mama von der Arbeit kommt, sondern können sofort geklärt werden. Ein weiterer Vorteil ist die Übersicht über alle Dinge, die die Kleinen betreffen. Verbringt ihr sehr viel Zeit miteinander, wird deine Intuition viel besser ausgebildet und trainiert. Du kannst beispielsweise durch die offenen Zimmertüren hören, was deine Kinder bewegt oder im direkten Spiel mit ihnen verschiedene Dinge erfahren.

Als Nachteil erweist sich, dass durch viel gemeinsame Zeit natürlich auch vermehrt Streitpunkte und Machtkämpfe auftauchen. Die Kleinen können ihre Grenzen nur an den Personen austesten, die auch vor Ort sind. Allerdings hast du es mit den in diesem Ratgeber beleuchteten Methoden in der Hand, frühzeitig für ein gutes Klima zwischen euch zu sorgen. Zu vergessen ist dabei auch nicht, dass sich Kinder besonders dort austesten, wo sie sich sicher und geborgen fühlen, und bei diesen Personen auch deutlich mehr zutrauen als in fremder Umgebung.

FESTE ANLAUFPUNKTE: KINDERALLTAG MIT BERUFSTÄTIGEN ELTERN GESTALTEN

Wo es in vergangenen Jahrzehnten undenkbar war, dass Mütter trotz kleinen Kindern täglich zur Arbeit gingen, so wird diese Variante mittlerweile sehr häufig praktiziert und sehr oft mit Erfolg. Viele junge Mütter entscheiden sich für Kinder und die Karriere, auch wenn sie manchmal ein schlechtes Gewissen haben. Das musst du keineswegs, wenn sich alle Familienmitglieder mit dieser Lebensweise wohlfühlen. Wichtig ist eine gute Organisation, damit sich die Kinder sicher fühlen können. Sie sollten wissen, wann und wo sie betreut werden und ob es einen außerplanmäßigen Termin, wie einen Arztbesuch, gibt. Viele Regelmäßigkeiten und wenig Ausnahmen steuern zu einem guten Ergebnis bei. Daneben sind liebevolle und verlässliche Betreuungskräfte oder Bezugspersonen wichtig, damit sich die Kleinen geborgen fühlen können. Wer mit Großeltern oder nicht berufstätigen Verwandten und Freunden in unmittelbarer Umgebung gesegnet ist, hat auch für Notsituationen (krankes Kind, kurzfristige Überstunden) vertraute Personen parat, die einspringen können.

Wichtig für diese Familien sind feste Zeiten, die ausschließlich den Kindern gewidmet sind. Dabei müssen nicht immer beide Elternteile dabei sein, sondern so, wie es die Alltagsplanung zulässt. Optimal ist es, wenn wenigstens eine gewisse Zeit für alle Familienmitglieder reserviert ist, wie das gemeinsame Abendessen oder ein Spiel. Nicht vergessen werden darf der Austausch über Erlebnisse des Tages, der schönen Seiten und natürlich auch der Probleme, die aufgetreten sind. Familien mit berufstätigen Eltern profitieren von Ritualen, die den Familienverbund stärken. Oft spielt das freie Wochenende eine große Rolle, um die knappere Zeit während der Arbeitswoche zu kompensieren. Wenn sich die Kinder in diesem Modell wohlfühlen, spricht auch nichts dagegen. Viele Kinder berufstätiger Eltern sind sogar selbständiger und können sich leichter an neue Situationen anpassen.

Besonderheiten dieser Familienkonstellation sind auch im Alltag der Kinder spürbar. Nicht selten werden die häuslichen Aufgaben auf beide Elternteile verteilt, sodass es für die Kleinen völlig normal ist, dass ein Mann durchaus den Abwasch macht oder die Waschmaschine bestückt. Wenn du an deine eigene Kindheit denkst, war das wahrscheinlich eher die Ausnahme. Aber Arbeitsteilung heißt in diesem Fall auch mehr Zeit für den Nachwuchs, erst recht, wenn die Kleinen mit anpacken.

Anregung

Ruben (5 Jahre) und Luca (3 Jahre) werden gegen 15 Uhr von ihrer Mama in der Kita abgeholt. Nachdem die Drei sich ausgezogen evtl. auch umgezogen haben, treffen sich alle im Wohnzimmer/Garten, um sich auszutauschen, was heute so passiert ist. Alle unschönen Erlebnisse werden zuerst berichtet und, wenn sie nicht mehr von Bedeutung sind, entlassen. Im Zimmer ist dazu ein Fenster geöffnet, um die negativen Dinge nach draußen zu schicken und wieder gute frische Luft hereinzulassen. Alle schönen Begebenheiten werden zum Schluss berichtet und jeder freut sich für den anderen. Und dann grübeln sie noch etwas, was dem Papa passiert sein könnte und denken sich lustige Geschichten aus. Nach etwa 15 bis 30 Minuten sind alle entspannt und können ihrer Mama helfen, die Spülmaschine auszuräumen, den Tisch zu decken usw. Kommt dann der Papa nach Hause, gibt es einen kleinen Snack und eine große Tasse Kaffee für die Eltern sowie einen Kakao für die Kinder und Papa muss erzählen, was bei ihm los war. Und dann steht, wie jeden Tag, eine Stunde Familie an, mit ganz verschiedenen Aktionen, natürlich auch ganz banalen Tätigkeiten, wie das Einkaufen im Supermarkt. Weil diese Aufgabe von allen zusammen ausgeführt wird, macht sie eben auch viel mehr Spaß und sorgt schon beim Einkaufszettelschreiben für ein Gemeinschaftsgefühl.

Ein gut strukturierter Tag mit festen Anlaufpunkten für die Kleinen kann das Familienleben mit berufstätigen Eltern bereichern. Auch wenn die Zeiten manchmal sehr eng bemessen sind, so wären kleine Puffer für unvorhergesehene Situationen günstig. Falls alles glatt läuft, sind diese dann als Entspannungs- und Auszeiten einsetzbar. Und übrigens sind berufstätige Mamas sehr oft zufriedener als jene Mütter, die daheimbleiben, obwohl sie sich doch sicher waren, dass es für die Kleinen besser wäre, wenn sie mehr als nur ein Jahr zuhause blieben. Sie hadern dann mit ihrem Entschluss und das überträgt sich leider oft auf die Kinder mit ihren sensiblen Antennen.

HOMEOFFICE ALS GUTE ALTERNATIVE?

Homeoffice ist praktisch die Verbindung zwischen nicht berufstätig und außer Haus berufstätig. Doch lassen sich damit alle Vorteile so einfach in ein neues System einbinden? So leicht ist das leider nicht, denn Kind und Beruf zur selben Zeit erscheint als reine Utopie. Es gibt dennoch Möglichkeiten, das Homeoffice elternfreundlich und kindgerecht zu organisieren. Zum einen spielt die tatsächliche Arbeitszeit eine große Rolle. Eine Halbtagesstelle lässt sich ganz gut praktizieren, erst recht, wenn die Kleinen für ein paar Stunden in der Kita sind. Vielfach benötigt der Weg zur Arbeit enorme Zeit und kann beim Arbeiten von zuhause gespart werden, natürlich nur, wenn die Kita in der Nähe der Wohnung oder des Hauses liegt und nicht an der Arbeitsstätte. Während der Arbeit am Computer können ein paar Hausarbeiten in die Wege geleitet werden. Eine Wasch- oder Spülmaschine tut ihren Dienst so ziemlich allein. Und während der Drucker ein paar Blätter ausspuckt oder die riesige Datei zum Chef unterwegs ist, kann eine andere kleine

Hausarbeit erledigt werden, um nebenbei für freie Zeiten am Nachmittag zu sorgen. Natürlich ist es genauso denkbar, für sich selbst diese Pause zu nutzen und dich vom Trubel des Alltags zu erholen.

Können die Kleinen allerdings nicht in den Kindergarten gebracht werden (z.B. aufgrund einer Krankheit), dann gestaltet sich die Arbeit von daheim als schwierig. Auch wenn du eine gewisse Zeit mit einem kleinen Büromitarbeiter überbrücken kannst, so sind mehrere Stunden undenkbar. Dann brauchst du eine weitere Person, die sich um das Kind kümmern kann. Sollte dies nur dein Partner sein können, verlagert sich die Arbeitszeit in meist ungünstige Stunden, wie den Abend. Den Rest kannst du dir selbst vorstellen ... Unzufriedenheit, keine wirklichen Pausen, Müdigkeit, und zwischendrin nörgelnde Kinder, die lieber die Mama wollen als den Papa ... Eine wirkliche Alternative ist das Homeoffice also nur, wenn du in deiner Arbeitszeit nicht auch noch für die Kleinen zuständig bist. Dann kann sie dein Familienleben allerdings bereichern.

GLÜCKLICHE ZEITEN
AUS DEM KINDERALLTAG AUSBRECHEN

Meistert ihr als Familie euren Alltag mit Souveränität, Gelassenheit und Freude, so solltet ihr glückliche Kinder haben. Doch noch viel schöner als ein gut funktionierender Alltag sind die besonderen Zeiten, wie ein Urlaub, ein Ausflug oder der Besuch bei Freunden. Die Abwechslung bringt Unbeschwertheit und Leichtigkeit in das Leben. Die Zeit ohne einen bestimmten Druck (Ich muss noch schnell einkaufen, was kochen. Ja, was eigentlich? Oh nein, den Zahnarzttermin hätte ich fast vergessen. Wie, die Kita hat heute nur bis Mittag geöffnet? Ausflug der Erzieher/innen?) lässt alle Familienmitglieder aufatmen und entspannen. Die freie Zeit sollte deshalb genutzt werden, um gemeinsame Erlebnisse (Waldspaziergang, Kino, Backnachmittag etc.) sammeln zu können, an die sich alle gern erinnern.

Und auch wochentags kannst du solche kleinen Momente unterbringen, um aus dem Alltag auszubrechen. Wie wäre es mit einem Kinonachmittag am Mittwoch oder der Besuch der Bücherei, der Besuch eines Schwimmbads, eine Fahrt mit dem Bus quer durch die Stadt oder das Abendessen als Picknick im Park? Auch wenn diese Aktivitäten nicht jeden Tag und auch nicht so regelmäßig stattfinden können, sind sie doch eine Bereicherung, nicht nur für die Kids, sondern auch für dich! Deshalb möchte ich dich bitten, immer mal wieder solch eine Auszeit zu nutzen, um selbst zu entspannen und aus einem schönen Erlebnis neue Energie schöpfen zu können. Mein persönlicher Favorit braucht noch weniger Zeit, keine Vorbereitung und lässt sich eigentlich immer einsetzen – das Kind im Erwachsenen wieder hervorzuholen. Wann hast du das letzte Mal so wild geschaukelt wie in der Kindheit? Wann hast du aus voller Kehle falsch gesungen, dich so herrlich mit Matschpampe versaut, deine klebrigen Finger abgeschleckt oder, ohne auf die Zeit zu achten, vor dich hingeträumt? Mit deinen Kindern an der Seite ist nichts leichter als das. Lass dich inspirieren, mach einfach mit und fühle dich wie ein Kind! Wenn du diesen Spaß erst einmal im Kopf abgespeichert hast, wirst du viel selbstverständlicher mit deinen Kleinen mitmachen. Und auch sie haben bestimmt Freude daran, wenn Mama hüpft wie ein Känguru, das Pferd für sie spielt oder Purzelbäume schlägt.

ZUSAMMENFASSUNG

Verfolge die Entwicklung deines Kindes hautnah und begleite es durch seine ersten Lebensmonate, wenn du dich für den Alltag ohne Beruf entschieden hast!

Schaffe feste Anlaufpunkte und Rituale als berufstätiges Elternteil, um deinem Kind das Zusammengehörigkeitsgefühl einer Familie nahezubringen!

Verbinde gut organisiert Zuhause und Arbeit im Homeoffice, um deinen Alltag etwas zu entlasten!

Versuche, immer wieder Auszeiten einzubauen, damit ihr alle nicht im Trubel des Alltags untergeht und ihr stattdessen viele glückliche Momente bewusst erleben könnt.

NACHWORT

Nun wünsche ich dir, dass du viele konfliktbehaftete Situationen gelassen meistern kannst und deine Kleinen dich nicht allzu oft herausfordern. Erinnere dich immer wieder, dass sie dies machen, um zu lernen und ihre Entwicklung voranzutreiben. Und wenn es doch einmal soweit ist, dann hoffe ich, dass ich dir mit diesem Ratgeber einige neue Ideen oder Herangehensweisen bei kleineren und größeren Konflikten mit deinem kleinen Liebling mit auf den Weg geben konnte. Wichtig war mir vor allem:

- dich zu ermuntern, auf dein eigenes Bauchgefühl zu hören,
- zu zeigen, dass nicht jedes Problem zu ernst genommen werden sollte, sondern, dass es sich lohnt, erst einmal gelassen zu reagieren und zu schauen, ob es sich lohnt, dafür seine Energien zu verbrauchen,
- dir Lösungsansätze aufzuzeigen, die kindgerecht und spielerisch das Problem beheben können,
- dich daran zu erinnern, in möglichst vielen Konfliktsituationen ruhig zu bleiben,
- dich zu sensibilisieren, die Kleinen in die Problemlösung miteinzubeziehen und
- dich zu motivieren, Möglichkeiten zu nutzen, um aus dem trubeligen Alltag auszubrechen und eine glückliche Kindheit für deine Kleinen zaubern zu können.

Suche dir einfach die Vorschläge des Ratgebers heraus, die dich ansprechen! Da ich keine ausgebildete Psychologin oder dergleichen bin, sondern nur Mama, kann ich dir vor allem anbieten, aus meinen Erfahrungen schöpfen. Zum Schluss wünsche ich dir und deinen Kleinen eine wundervolle Kindheit, die du genießen solltest.

LITERATURVERZEICHNIS:

Dreikurs, Rudolf & Grey, Loren (1991). Kinder lernen aus den Folgen – Wie man sich Schimpfen und Strafen sparen kann, Freiburg im Breisgau: Verlag Herder, 23. Auflage der Neuausgabe

Juul, Jesper (2020). Aus Erziehung wird Beziehung – Authentische Eltern – kompetente Kinder, Freiburg im Breisgau: Verlag Herder, 13. Auflage

Juul, Jesper (2017). Dein kompetentes Kind – Auf dem Weg zu einer neuen Wertgrundlage für die ganze Familie, Reinbek bei Hamburg: Rowohlt Taschenbuch Verlag, 14. Auflage

Kast-Zahn, Annette (2010). Jedes Kind kann Krisen meistern – So helfen Sie Ihrem Kind, Entwicklungsprobleme sicher zu bewältigen, München: Gräfe und Unzer Verlag GmbH, 5. Auflage

Kast-Zahn, Annette (2002). Jedes Kind kann Regeln lernen – Vom Baby bis zum Schulkind: Wie Eltern Grenzen setzen und Verhaltensregeln vermitteln können, Ratingen: Oberstebrink Verlag, 11. Auflage

Rogge, Jan-Uwe (2004, Sonderausgabe). Kinder brauchen Grenzen – Eltern setzen Grenzen, Reinbek bei Hamburg: Rowohlt Taschenbuch Verlag

Schoenaker, Theo und Julitta, Platt, John M. (2000). Die Kunst, als Familie zu leben – Ein Erziehungsratgeber nach Rudolf Dreikurs, Freiburg im Breisgau: Verlag Herder, 2. Auflage

Stave, Uwe (1992). Die Umwelt des kleinen Kindes, Stuttgart: Urachhaus Verlag Johannes M. Mayer GmbH

QUELLENVERZEICHNIS:

https://en.wikipedia.org/wiki/Interpersonal_Reactivity_Index

https://www.augsburger-allgemeine.de/wissenschaft/Karotten-und-Vollkorn-reinigen-die-Zaehne-id38132252.html

https://www.familie.de/kleinkind/gesundheit/wieviel-schlaf-braucht-ein-kind/

https://www.familienhandbuch.de/aktuelles/neue/33891/index.php

https://kinder-medien-studie.de/wp-content/uploads/2019/08/KMS2019_Handout.pdf

https://www.spektrum.de/video/bernhard-hoeckers-gute-frage-macht-zucker-kinder-aggressiv/1674888

https://www.liebenswert-magazin.de/was-bei-wut-mit-dem-koerper-passiert-2264.html

https://www.rtl.de/cms/wut-ein-gefuehl-zwei-funktionen-2868628.html

https://www.kita-kinderzimmer.de/koerper-geist/warum-beissen-kinder/

https://www.parikita.de/de/kita-abc/themen/Wenn-Kinder-beissen.php

https://www.bmfsfj.de/blob/115438/d7ed644e1b7fac4f9266191459903c62/15-kinder-und-jugendbericht-bundestagsdrucksache-data.pdf

https://www.bmfsfj.de/blob/93146/6358c96a697b0c3527195677c61976cd/14-kinder-und-jugendbericht-data.pdf

https://www.hilfswerk.at/steiermark/kinderbetreuung-in-der-steiermark/informationen-fuer-eltern/tipps-und-kreative-ideen-fuer-familien/tagesstruktur-in-heimquarantaene/aufraeumen-mit-kleinkindern/

KINDERMUND:

http://de.webfail.com/2ae8750e7e9

https://www.pinterest.de/pin/504403226988080821/

https://www.pinterest.de/pin/76772368626714649/

https://www.pinterest.de/pin/10344274122448776/

https://www.tollabea.de/witzige-kindersprueche-zum-kugelig-lachen-kindermund-27/

https://www.pinterest.de/pin/76772368631044662/

https://www.tollabea.de/kindersprueche-zum-schlapplachen-kindermund-222/

https://www.pinterest.de/pin/76772368626313949/

https://www.pinterest.de/pin/124623114667096552/

https://www.pinterest.de/pin/450782243945631572/

https://www.pinterest.de/pin/436004807659353546/

https://www.pinterest.de/pin/68328119324173155/

https://www.tollabea.de/smarte-kinderspruche-zum-koestlich-amuesieren-kindermund-59/

https://www.pinterest.de/pin/615867317762488620/

https://www.tollabea.de/kinderspruche-zum-schlapplachen-kindermund-217/

https://www.tollabea.de/kinderspruche-zum-schlapplachen-kindermund-171/

https://www.tollabea.de/kinderspruche-zum-schlapplachen-kindermund-168/

https://www.tollabea.de/kinderspruche-zum-schlapplachen-kindermund-248/

https://www.tollabea.de/witzige-kinderspruche-zum-kringelig-lachen-kindermund-28/

https://www.kidslife-magazin.de/allgemein/kindermund-die-lustigsten-sprueche-ever/

https://gramho.com/explore-hashtag/Kindermund

https://www.tollabea.de/kinderspruche-zum-schlapplachen-kindermund-146/

https://www.badische-zeitung.de/leser-aktion-die-schoensten-kindermundspruche

https://www.facebook.com/pg/babyshushershop.de/posts/

BILDERNACHWEIS

stock.adobe.com

© Mary Iriskina:	#315096283	#326002023		
© Nikolay N. Antonov:	#300417088			
© kazy:	#314768271			
© cirodelia:	#126944560	#226243686	#91293274	#398969981
	#115456183	#216210013	#93885715	#149437072
	#100076197	#404253636	#81439441	#50234137
	#334722604	#97996849	#115030034	#153634993
	#334158205	#153634993	#95754504	#81092769
	#138180471	# 81062390	#75383392	#111665415
	#327947545	#224661105	#238688761	#272335626
	#101068202	#257854323	#350855590	#347434305
	#328254276	#81011513	#307758519	#112186027
	#317828833	#130799863	#134154823	

IMPRESSUM

Zenit Verlagskreis LLC
30 N Gould St Ste N, 82801 Sheridan, Wyoming, USA
Lektorat: Heidrun Schwinger
Layout & Satz: Julia Grün

Neuauflage 2022
978-3-949675-23-2

Bevor du das Buch weglegst, noch eine Bitte!

Es gibt viele tausend Ratgeber und oft ist es schwer, den für sich passenden zu finden. Hilfreich sind hierbei ehrliche und aussagekräftige Rezensionen. Daher ist unsere Bitte:

Hilf anderen Kunden, unseren Ratgeber zu finden und erleichtere ihnen die Kaufentscheidung.

Nimm dir einen Moment Zeit und logge dich auf Amazon ein. Navigiere zu »Meine Bestellungen« und klicke neben dem Buchtitel auf »Schreiben Sie eine Produktrezension«.

Vielen Dank!

Werde selbst Autor!

Sie haben den Ratgeber »Mama, schimpft nicht!« mit Freude gelesen und sich schon öfter gedacht: »Einen Ratgeber würde ich auch gerne mal schreiben. Spuren in den Köpfen und Leben anderer Menschen hinterlassen und diese mit meinem Wissen unterstützen…das wäre was!«

Dann ergreifen Sie jetzt die Initiative und kontaktieren Sie uns. Wir sind ein aufstrebender Ratgeber-Verlag und suchen immer kluge Köpfe mit Leidenschaft, die mit ihrem wertvollen Beitrag die Herzen unserer Leser höherschlagen lassen.

Schreiben Sie einfach eine Mail an familienglueck.verlag@gmail.com mit dem Stichwort »Bewerbung Autor« und Sie erhalten alle weiteren Infos. Wir freuen uns auf Sie!

Im Namen des Verlagsteams

Tom Bernhardt

Printed in Poland
by Amazon Fulfillment
Poland Sp. z o.o., Wrocław

11243318R00116